AS BOLAS CORTADAS DO GATO
refletindo as organizações

Editora Appris Ltda.
1.ª Edição - Copyright© 2024 do autor
Direitos de Edição Reservados à Editora Appris Ltda.

Nenhuma parte desta obra poderá ser utilizada indevidamente, sem estar de acordo com a Lei nº
9.610/98. Se incorreções forem encontradas, serão de exclusiva responsabilidade de seus organi-
zadores. Foi realizado o Depósito Legal na Fundação Biblioteca Nacional, de acordo com as Leis nºs
10.994, de 14/12/2004, e 12.192, de 14/01/2010.

Catalogação na Fonte
Elaborado por: Dayanne Leal Souza
Bibliotecária CRB 9/2162

M527b
2024
	Mello, Cleverson Molinari
	    As bolas cortadas do gato: refletindo as organizações / Cleverson
	Molinari Mello. – 1. ed. – Curitiba: Appris, 2024.
	    141 p. : il. color. ; 23 cm.
	
	    Inclui referências.
	    ISBN 978-65-250-6323-2
	
	    1. Empreendedorismo. 2. Gestão e negócios. 3. Qualidade de vida.
	I. Mello, Cleverson Molinari. II. Título.
	
	CDD – 658.9

Appris
editora

Editora e Livraria Appris Ltda.
Av. Manoel Ribas, 2265 – Mercês
Curitiba/PR – CEP: 80810-002
Tel. (41) 3156 - 4731
www.editoraappris.com.br

Printed in Brazil
Impresso no Brasil

CLEVERSON MOLINARI MELLO

AS BOLAS CORTADAS DO GATO

refletindo as organizações

Appris
editora

Curitiba, PR

2024

FICHA TÉCNICA

EDITORIAL
Augusto Coelho
Sara C. de Andrade Coelho

COMITÊ EDITORIAL
Ana El Achkar (UNIVERSO/RJ)
Andréa Barbosa Gouveia (UFPR)
Conrado Moreira Mendes (PUC-MG)
Eliete Correia dos Santos (UEPB)
Fabiano Santos (UERJ/IESP)
Francinete Fernandes de Sousa (UEPB)
Francisco Carlos Duarte (PUCPR)
Francisco de Assis (Fiam-Faam, SP, Brasil)
Jacques de Lima Ferreira (UP)
Juliana Reichert Assunção Tonelli (UEL)
Maria Aparecida Barbosa (USP)
Maria Helena Zamora (PUC-Rio)
Maria Margarida de Andrade (Umack)
Marilda Aparecida Behrens (PUCPR)
Marli Caetano
Roque Ismael da Costa Güllich (UFFS)
Toni Reis (UFPR)
Valdomiro de Oliveira (UFPR)
Valério Brusamolin (IFPR)

SUPERVISOR DA PRODUÇÃO
Renata Cristina Lopes Miccelli

PRODUÇÃO EDITORIAL
Adrielli de Almeida

REVISÃO
Katine Walmrath

DIAGRAMAÇÃO
Amélia Lopes

CAPA
Kananda Ferreira

REVISÃO DE PROVA
Bruna Santos

Este livro é dedicado, in memoriam, *à querida tia Elídia Lotoski Molinari.*

AGRADECIMENTOS

Agradecimento pela leitura e valorosas contribuições da Dr.ª Simone Sartori Jabur, da Universidade Estadual de Maringá (UEM), e da Dr.ª Luciane Scheuer, da Universidade Estadual do Paraná (Unespar).

À Authoria Agência Literária pela leitura crítica.

Ao escritor e amigo de longa data Fabiano de Queiroz Jucá pela revisão final da obra.

A todos os meus alunos da universidade, os quais tive/tenho a grata satisfação de conhecer, conviver e aprender.

Aos(às) empreendedores(as) e às suas incríveis histórias de humildade, superação e criatividade citadas ao longo do livro.

À Editora Appris, por todo o suporte e profissionalismo.

Agradecimento especial a Nilcéia e Christopher, por aguentarem minhas excentricidades.

APRESENTAÇÃO

Não pode existir separação entre existir e refletir. É somente do homem a capacidade de olhar para as estrelas em uma noite de céu limpo e se perguntar o que todo esse universo representa, qual **é** o sentido das coisas e da sua própria vida. Assim como para os seres humanos, o existir, conectado ao refletir, livre de preconceitos, define a essência, revelando-se por meio das virtudes, valores, crenças e sentidos; assim também o existir das organizações, conectado ao refletir dos empreendedores, livre de preconceitos equivocados, deve definir sua essência, revelando-se pelos chamados valores organizacionais.

Refletir sobre as organizações é como adentrar um mar de correntes agitadas e inconstantes, cuja rota é navegada por centenas de milhares de embarcações. Algumas mais preparadas e outras nem tanto, onde apenas uma parte consegue chegar ao destino e aventurar-se em águas mais profundas.

As ideias aqui contidas pouco têm a ver com a posição dos planetas, com amuletos e menos ainda com fórmulas fantásticas. Têm a ver com estratégia, planejamento, escolha, superação, prioridade e criatividade. Mas atenção! Para aventurar-se na leitura é imprescindível coração e mente abertos. No entanto, como disse Carl Sagan[1], "manter a mente aberta é uma virtude, mas [...] ela não pode ficar tão aberta a ponto de o cérebro cair para fora".[2]

Liberto das traves da linguagem corriqueira do dia a dia como pesquisador e rompendo com o estilo científico de outros textos dos quais também sou autor, reúno nesta obra quase duas décadas de sala de aula na universidade, bem como a experiência de diversos programas voltados à capacitação de empreendedores.

O livro é dividido em pequenos capítulos com histórias e relatos de empresários, contos, reflexões sobre as organizações, sobre a vida em geral e suas contradições. O texto traz o saber interdisciplinar perpassando por temas pertinentes da administração e da gestão de negócios, ao mesmo tempo que faz uma ponte com a reflexão filosófica, por meio de uma linguagem acessível.

---

[1] Carl Sagan (1934–1996): foi um cientista, astrônomo e escritor norte-americano, conhecido por seus livros de divulgação científica e pela série de TV "Cosmos: Uma Viagem Científica".

[2] SAGAN, C. O mundo assombrado pelos demônios. São Paulo: Companhia das Letras, 2006, p. 218.

Moscas, pelos de gatos, conceito de céu e inferno, crianças brincando de peteca, pandemia da covid-19, atrelados aos conceitos da gestão das empresas, nos fazem refletir não somente sobre os negócios, mas também sobre as coisas simples e importantes da vida.

Desejo a todos uma excelente leitura!

Prof. Dr. Cleverson Molinari Mello

Parafraseando Daniel Defoe: Na condição silenciosa do distanciamento social da minha vida em casa, onde desejava apenas o que tinha e tinha apenas o que podia desejar: meus livros, minha escrita.

(Pandemia da covid-19, outono de 2020)

SUMÁRIO

1
O INFERNO DE MÁRIO DA LINHA 15

2
VISÃO MOSCAL 27

3
ADAPTAÇÃO 31

4
SERENIDADE 35

5
ÓCIO + REFLEXÃO = PLANO DE NEGÓCIOS (GPS) 38

6
OBSERVAÇÃO 45

7
RESILIÊNCIA 51

8
PRESENÇA 58

9
FILHA DE UMA BIRONHA 62

10
ENCERRANDO O PAPO SOBRE MOSCAS 64

11
(DES)MISTIFICANDO O CONTADOR 66

12
ESTUDO DE CASO: O BAR DA FORMIGA 88

13
ENGULA O CHORO 96

14
SAPO-CURURU 106

15
BOLAS CORTADAS 113

16
NEM TODOS QUEREM IR PARA O CÉU 118

17
OUTRO MAL DO SÉCULO? 124

ATÉ BREVE 136

REFERÊNCIAS 139

O INFERNO DE MÁRIO DA LINHA

Os humanos são universalmente conhecidos como os únicos animais capazes de mentir, sendo certo que se às vezes o fazem por medo, e às vezes por interesse, também às vezes o fazem porque perceberam a tempo que essa era a única maneira ao seu alcance de defenderem a verdade.

(José Saramago)

Conta a história que um homem muito rico, após sua passagem do além-túmulo e chegando às portas do céu, foi recebido por um anjo de túnica cândida. Um belo espécime de anjo, diga-se de passagem: alto, moreno, olhos azuis e enormes asas negras. Logo que viu o homem chegar, o anjo perguntou com voz enfarenta:

— Quem és tu? — Apressadamente, tremendo dos pés à cabeça e suando frio, o homem tirou a carteira do bolso e disse com voz engasgada:

— Eu sou o Mário da Linha. Veja meu registro! — Ao que o anjo repetiu da mesma forma:

— Quem és tu?

— Eu já disse, eu sou o Mário da Linha, mas se precisar tenho outros documentos comigo.

O homem, meio atrapalhado, carregava uma pasta e, ao abri-la, mostrou todo seu conteúdo ao anjo. Eram comprovantes de residência, documentos de posse de imóveis na Terra, diplomas e certificados de conclusão de cursos. O balcão de atendimento ficou abarrotado de tantos papéis apresentados, mas o anjo repetia: — Quem és tu?

Nesse momento ouvem-se passos na direção dos dois. Era um homem asiático, calvo, aparentando 60 anos, de fisionomia tranquila e segurando algo nas mãos que não era possível identificar. O anjo se virou para o mais novo visitante e, com a mesma apatia, perguntou:

— Quem és tu? — E o homem respondeu:

— Eu sou aquele que, apesar de acumular bens materiais na Terra, sempre procurou em vida ser íntegro, justo e solidário.

Após ouvir, o anjo pediu para ele se posicionar em uma espécie de scanner no formato de uma grande agulha. Após verificar a tela do scanner o anjo disse:

— Tu falas a verdade. Podes entrar. — Nesse instante Mário da Linha pensou: "Entendi tudo". Respirando fundo e tentando se acalmar, começou a tramar um plano. Mais confiante e com um largo sorriso no rosto, aguardou a próxima investida do anjo para aplicar-lhe o golpe fatal.

Após liberar a passagem do segundo homem pela catraca, o anjo se voltou para Mário da Linha e perguntou novamente:

— Quem és tu? — Mário da Linha respirou fundo, estalou os dedos das mãos, arregalou os olhos, estufou o peito como um galo garnisé e disse em alto e bom tom:

— Eu sou aquele que, apesar de acumular bens materiais na Terra, sempre procurou em vida ser íntegro, justo e solidário.

Após ouvir as palavras, o anjo pediu para Mário da Linha se posicionar no scanner em formato de agulha. O anjo verificou a tela e disse:

— Tu mentes. — E com um sorriso terrivelmente irônico e resmungando algo, a criatura celestial apertou com violência um enorme botão vermelho acoplado ao balcão de atendimento onde constavam as inscrições "fogo ardente". Em altíssimo som de trombetas, vindas sabe-se lá de onde, o chão começou a tremer e abrir, e um forte cheiro de enxofre começou a exalar de uma fenda que começava a se formar logo abaixo dos pés de Mário da Linha, que começavam a esquentar. Tentando se manter de pé para olhar, viu um rio de lava que corria dentro do buraco. Quando chegou bem próximo da beira, sentiu algo gelado tocando seus ombros. Um arrepio correu por todo seu corpo e seu coração começou a bater acelerado. Quando se virou, viu a face irônica do anjo, que agora parecia mais um demônio, sussurrando em seu ouvido as palavras "vai com Deus". Mário da Linha foi empurrado, desapareceu e nunca mais foi visto por toda a eternidade.

VAMOS CONVERSAR

Uma questão que intriga os seres humanos desde os primórdios se refere à própria existência. Sobre o assunto, existe uma imensa bibliografia com enfoque nas mais diversas áreas do conhecimento, em especial a filosofia.

Na concepção de Sartre[3], o homem é um ser que pode pensar sobre si, sobre sua própria consciência e sobre o mundo em que vive. Logo, não pode existir separação entre existir e refletir. É somente do homem a capacidade de olhar para as estrelas em uma noite de céu limpo e se perguntar o que todo esse universo representa, qual o sentido das coisas e da sua própria vida.

A ideia de que é a existência do ser humano, como ser livre, que define sua essência nos faz perceber que é a liberdade, característica que nos difere dos demais animais, que nos permite durante toda a existência criar nossa própria existência e história, construindo e reconstruindo nossos sentidos e significados. É importante ressaltar que o ser humano é, por natureza, um produtor de sentidos, seja para sua vida pessoal, profissional, crenças religiosas e sentido de mundo; e quando não produz sentido, encontra um sentido; o homem vive em uma enorme quantidade de significados criados por ele mesmo, e por isso, e dessa forma, "a existência precede a essência", como disse Sartre.

A palavra existir se originou a partir do latim *"exsisto / existere / exsistere"*, que pode ser traduzida como aparecer, nascer, revelar-se, tornar-se. Logo, existir é revelar-se àquilo que de fato somos, ou seja, criadores e responsáveis por nossas escolhas, sentidos e valores.

A partir de nossas escolhas, por meio da liberdade, definimos nossa essência; por isso a ideia de Sartre de que "o homem está condenado a ser livre". O ser livre, a partir das escolhas, subentende uma série de responsabilidades tanto para si como para os outros, pois o outro é tão existente quanto eu. Logo, viver é uma escolha e não um mero jogo mecânico de aceitar valores preconcebidos.

Você pode estar se perguntando: mas o que isso tem a ver com as organizações? Voltemos à história de Mário da Linha.

---

[3] Jean-Paul Sartre (1905–1980) foi filósofo e escritor francês, um dos maiores representantes do pensamento existencialista na França. Os principais escritos de Sartre são: *A náusea; O ser e o nada; O existencialismo é um humanismo.*

O êxito do segundo homem que adentrou as portas do paraíso foi, em partes, devido à sua existência terrestre. A principal questão não estava nas riquezas acumuladas na Terra, apesar de sua preocupação. A questão decisiva de ser aceito foi, justamente, seu existir, ao revelar suas escolhas em vida, e, por meio de sua liberdade, se pautar em certas virtudes que transcendem a banalidade dos valores materiais: integridade, justiça e solidariedade.

Por sua vez, a derrocada de Mário da Linha foi tentar revelar-se naquilo que nunca foi. Mas e se o scanner da grande agulha, tendo algum defeito, deixasse Mário da Linha entrar no paraíso? Mesmo que adentrasse, Mário da Linha sabia que sua existência não havia sido pautada por determinadas virtudes. Mário da Linha poderia até enganar o scanner, mas não a si mesmo. Ao escolher não se revelar, Mário da Linha, único responsável por seus atos, modificou e direcionou sua existência a partir daquele momento; e ao invés de revelar-se, mas sim ocultando-se, colheu o que plantou: mentiu e foi mandado para as profundezas do inferno.

A pergunta insistente do anjo, "quem és tu", estava para além de uma mera sequência numérica no registro de identidade dos candidatos ao paraíso, onde moravam, ou a quantidade de bens que possuíam. A pergunta "quem és tu" poderia ser tranquilamente substituída pela seguinte ordem vinda do anjo: Revele-se!

As virtudes integridade, justiça e solidariedade reveladas pelo segundo homem estavam em sintonia com aquilo que o paraíso esperava de seus potenciais novos moradores. Mesmo Mário da Linha não as possuindo, e se ao menos, ao revelar suas faltas, demonstrasse honestidade e vontade em corrigi-las, quem sabe uma segunda chance fosse a ele concedida; e talvez seu fim não fosse tão trágico.

Assim como para os seres humanos, o existir, conectado ao refletir, livre de preconceitos, define a essência, revelando-se por meio de virtudes, valores, crenças e sentidos. Assim também o existir das organizações, conectado ao refletir dos empreendedores, livre de preconceitos equivocados[4], deve definir sua essência, por meio dos chamados valores organizacionais.

---

[4] Muitos conceitos gerais amplamente aceitos pela academia, na prática, não servem para as pequenas organizações.

A pergunta insistente do anjo "quem és tu" pode ser adaptada e indagada por todos os empreendedores da seguinte maneira: o que é a organização?

O que é a organização está para além da mera sequência numérica do cadastro de pessoa jurídica (CNPJ). O que é a organização não se restringe à estrutura física, quantidade de funcionários, clientes e faturamento mensal. A pergunta "o que é a organização" poderia ser tranquilamente substituída, também, pela seguinte forma: Revele-se!

Para além da sala de aula como professor, tive a grata satisfação de realizar consultorias em projetos de extensão dentro da própria universidade, o que me proporcionou uma quantidade considerável de reflexões. Observe a seguir um trecho retirado dos registros de uma das consultorias:[5]

> Quando o senhor Antônio foi indagado do motivo de abrir sua empresa, ele respondeu: "Trabalhei toda minha vida como balconista em três lojas de ferragens; a última foi a que trabalhei por mais tempo e que mais aprendi com o fundador, o seu Pedro. Lá na loja do seu Pedro, aprendi o valor do **respeito**; respeitar os clientes e os colegas de trabalho. Devo muito do que aprendi ao seu Pedro. Agora que consegui abrir minha própria loja, quero ensinar tudo que aprendi para meus filhos, principalmente o respeito, que acho que é tudo na vida; sem respeito as outras coisas não têm sentido. E também porque quero deixar meus filhos bem. Está muito difícil conseguir emprego com carteira assinada hoje em dia. Quero que eles sejam donos do próprio negócio desde cedo [...].

A preocupação em assegurar sua própria fonte de renda e garantir uma vida melhor para os filhos diante do desemprego retrata uma tendência cada vez maior entre os empreendedores.[6]

Notem o relato de outra empreendedora atendida, quando questionada sobre o motivo de abrir o próprio negócio:

---

[5] Locais e datas serão preservados para assegurar o anonimato dos assistidos. Os nomes que aparecem são fictícios.

[6] Um estudo publicado em 2019 pela Global Entrepreneurship Monitor (GEM) revelou que a maior motivação para iniciar um novo negócio para a grande maioria dos empreendedores brasileiros entrevistados (88,4%) é: *ganhar a vida porque os empregos são escassos*. O estudo pode ser acessado em: https://ibqp.org.br/PDF%20GEM/Relat%c3%b3rio%20Executivo%20Empreendedorismo%20no%20Brasil%202019.pdf

Sempre gostei da cozinha, principalmente de fazer doces e bolos. Acho que fui influenciada pela minha vó, que fazia doces e bolos maravilhosos e cresci vendo a vó fazer. O que mais me encantava era o **amor** que a vó tinha em fazer. Ela dizia que fazer doces e bolos para a família era o maior prazer da vida dela. Acho que era por isso que eram tão bons. Quando meu marido perdeu o emprego, e como sempre fiz doces e bolos com o mesmo amor que a vó tinha em fazer, eu vendia na vizinhança para ajudar na renda de casa e meu marido começou a me ajudar. Como ele tinha mais jeito para venda, eu comecei a me concentrar mais em melhorar as receitas. No começo não foi fácil, principalmente quando ele recebeu a última parcela do seguro-desemprego. Tudo ficou mais difícil. Sempre é mais difícil quando se tem filhos. A gente não quer ver um filho passar necessidade. Com o tempo a gente foi aumentando as vendas. Hoje, além das entregas nas casas, entregamos em algumas panificadoras que preferem apenas comprar de nós e revender. Agora nossa meta é juntar dinheiro e abrir nossa própria confeitaria, mas continuar com as entregas. Me pergunta se pretendo mudar de atividade? Jamais! Eu amo o que faço [...].

Compreender o que é a organização é uma das questões mais importantes e talvez a primeira a ser considerada e se refere à razão do existir, comumente conhecida como missão[7]. E onde encontramos comumente a missão das organizações? Encontramos no Plano de Negócios.

Um Plano de Negócios nada mais é do que uma poderosa ferramenta onde consta basicamente: missão, visão, valores, objetivos e as etapas que devem ser seguidas/superadas/melhoradas. O Plano de Negócios é como uma carta de intenções: traça metas, evita equívocos e permite preparar melhor a organização para os desafios. Vejamos alguns exemplos de missão em grandes organizações:

---

[7] Missão é uma expressão muito usada na literatura administrativa que, apesar de seu uso estar associado à ideia de *razão de existir* das empresas, pouco tem a ver com a ideia que se pretende passar, se considerarmos sua origem etimológica. Missão vem do latim *missio*, que significa ação de enviar, remessa. Outros significados: é a tarefa ou função que se tem a obrigação de desempenhar; incumbência, encargo ou responsabilidade; elevada ou honrosa tarefa ou ofício a desempenhar (figurado); sequência de sermões doutrinários, na Igreja Católica, que têm como finalidade estimular a fé (religião) (Dicionário Houaiss da Língua Portuguesa. Rio de Janeiro: Objetiva, 2009).

Apple: a Apple está comprometida a levar a melhor experiência de computação pessoal a estudantes, a educadores, a profissionais criativos e a consumidores do mundo todo por meio de seu hardware, software e serviços de internet inovadores.

Samsung: construir um mundo melhor mediante negócios diversificados que hoje incluem tecnologia avançada, semicondutores, arranha-céus e construções de fábricas, petroquímicos, moda, medicina, finanças, hotéis e mais.

Avon: ser a companhia que melhor entende e satisfaz as necessidades de produtos, de serviços e de autorrealização das mulheres no mundo todo.

Microsoft: permitir às pessoas e às empresas, em todo o mundo, a concretização do seu potencial.

Google: nossa missão é organizar as informações do mundo para que sejam universalmente acessíveis e úteis para todos.

Harley Davidson: nós realizamos sonhos mediante a experiência de motociclismo.

Mary Kay: dar oportunidades ilimitadas às mulheres.

Nestlé: oferecer ao consumidor brasileiro produtos reconhecidamente líderes em qualidade e valor nutricional, que contribuam para uma alimentação equilibrada, gerando sempre oportunidades de negócios para a empresa e valor compartilhado com a sociedade brasileira.

Fiat: desenvolver, produzir e comercializar carros e serviços que as pessoas prefiram comprar e tenham orgulho de possuir, garantindo a criação de valor e a sustentabilidade do negócio.

Apesar de flertar com o *slow-food*[8] e de não deixar de apreciar um bom churrasco, gosto muito da missão do McDonald's, porque expressa em poucas palavras sua razão de existir: "Servir comida de qualidade gerando momentos deliciosos e acessíveis a todos".

Recordando a história de Mário da Linha e testando ao máximo nossa infinita capacidade imaginativa, é como se o McDonald's, ao criar vida (coisa doida), chegasse às portas do paraíso, após o término de sua vida (coisa mais doida ainda), e fosse indagado pelo anjo: — Quem és

---

[8] *Slow-food* em tradução direta do inglês significa *comer devagar*. O *slow-food* não é um movimento vegetariano ou vegano, mas uma nova consciência alimentar levando-se em conta a qualidade da alimentação.

tu? — E, com toda sinceridade, o McDonald's respondesse: — Eu sou aquele que em vida foi delicioso, acessível e de qualidade.

Antes de julgar-me insano ao fazer tal analogia, pergunte para qualquer pessoa que gosta de lanches rápidos o que se espera ao adentrar um estabelecimento que comercializa esse tipo de comida[9]. Provavelmente, entre as respostas mais citadas, vão constar: qualidade, ambiente agradável, agilidade e bom atendimento.

No caso do McDonald's sua missão não poderia ser diferente. Sua razão de existir está em sintonia com aquilo que os adeptos do *fast-food* almejam: comida boa e acessível em ambiente agradável.

Além do McDonald's, gosto muito da missão da Disney: "Fazer as pessoas felizes". É como se a Disney, chegando às portas do paraíso, se deparasse com a pergunta do anjo: — Quem és tu? — Provavelmente, e sem hesitar, Disney responderia: — Eu sou quem em vida fez as pessoas felizes.

Mas, afinal: o que McDonald's e Disney têm em comum a ponto de as pessoas sentirem orgulho de serem seus clientes?

As organizações, sejam elas grandes ou pequenas, onde a razão de existir está em sintonia com o que os clientes almejam, possuem aquilo que dificilmente os concorrentes conseguem interferir: os valores inquestionáveis.

Os valores inquestionáveis estão para além dos já conhecidos valores organizacionais. Os valores inquestionáveis ultrapassam os limites e realidade do ambiente corporativo, por vezes alheio ao cliente. Quando mencionamos valores inquestionáveis estamos nos referindo, por exemplo, a integridade, honestidade, respeito, responsabilidade e dedicação.

Devido à instantaneidade e alcance das informações, as notícias sobre casos de corrupção no Brasil envolvendo organizações privadas têm desacreditado a imagem destas, e em especial seus ditos valores organizacionais.

---

[9] Comida é o que comemos para satisfazer nosso paladar e que, na maioria das vezes, não acrescenta ganhos do ponto de vista nutricional. A comida está ligada ao prazer, já que quem comanda o sabor é o cérebro. A comida está ligada à chamada *comensalidade*, que é o ato de comer junto; logo, tem significado social e relação com reuniões e festas com amigos e familiares em momentos de alegria e confraternização. Já o alimento é tudo que ingerimos e que depois de absorvido pelo organismo aporta os nutrientes necessários ao perfeito funcionamento do corpo (DA MATTA, R. O que faz o brasil, Brasil? Rio de Janeiro: Rocco, 1986).

Lembremos dos escândalos em 2017 a partir de uma grande operação deflagrada pela Polícia Federal para investigar um suposto esquema de fraudes no Ministério da Agricultura envolvendo vários frigoríficos no país. As investigações indicavam que funcionários de laboratórios credenciados pelo Ministério da Agricultura recebiam propina para emitir certificados de qualidade, onde empresas estariam adulterando seus produtos.[10]

Falar sobre valores organizacionais quase se torna uma falácia para grande parte do cliente comum que, quando se depara com notícias como essas de corrupção, acaba por desacreditar nos ditos valores organizacionais.

Quando fatos isolados e antiéticos vêm à tona, o esforço que as organizações têm de dispor para reverter a imagem perante o público é enorme; principalmente em se tratando de grandes organizações. Se por um lado, para construir uma boa imagem, dependendo do setor e porte da organização, leva-se anos, por outro, para arruinar sua imagem é instantâneo: basta o fato ser compartilhado no novo tribunal inquisidor chamado internet. E quanto às pequenas, é diferente? Não, pois a rapidez e instantaneidade das redes sociais e aplicativos de conversação se assemelham, e muito, à Rainha de Copas que manda cortar a cabeça de todos.

Um reality show chamado "Pesadelo na Cozinha"[11], apresentado pelo chefe de cozinha Erick Jacquin[12], traz um episódio onde o dono de um restaurante é surpreendido quando Jacquin descobre que o freezer que armazena as carnes é desligado no período noturno, com a desculpa de economizar energia elétrica. O que o escândalo dos frigoríficos e o episódio do freezer desligado em um pequeno restaurante têm em comum? Fortes suspeitas de atentado contra a saúde pública.

As organizações de grande porte têm à sua disposição recursos e pessoas qualificadas para resolver seus problemas e resgatar sua imagem perante o público; já as de pequeno porte, em sua grande

---

[10] Justiça Federal. Seção Judiciária do Paraná. Investigados em Operação Carne Fraca são condenados pela Justiça Federal. 30/7/2020. Disponível em: https://www.jfpr.jus.br/noticias/investigados-em-operacao-carne-fraca-sao-condenados-pela-justica-federal/. Acesso em: 10 ago. 2021.

[11] Uma coprodução da Band com a Discovery Home & Health, cujos episódios estão disponíveis na plataforma YouTube.

[12] Chefe de cozinha francês naturalizado brasileiro. Autor dos livros: *O caderno de receitas de Jacquin para crianças: receitas para lancheira*; *O caderno de receitas de Jacquin para crianças: receitas salgadas*; *O caderno de receitas de Jacquin para crianças: receitas doces*. Todos pela editora Melhoramentos.

maioria, não. Portanto, fatos antiéticos devem ser eliminados/evitados, tanto para não comprometer a sobrevivência das organizações como para, e principalmente, fazer a coisa certa.

— Quem é você? — perguntou a Lagarta.

— Eu mal sei, neste exato momento... pelo menos sei quem eu era quando me levantei esta manhã, mas acho que já passei por várias mudanças desde então.

Esse pequeno trecho da conversa entre Alice e a lagarta no livro de Lewis Carroll[13] nos chama a atenção, entre outras questões, para a importância de não nos esquecermos de quem somos e, reportando para dentro do contexto corporativo, em quais valores inquestionáveis as organizações estão pautadas.

Retornando às duas consultorias realizadas, e quando indagados sobre os motivos que levaram a abrir suas empresas, os empreendedores responderam, entre outras coisas:

"Aprendi o valor do **respeito**." (loja de ferragens)
"Sempre fiz doces e bolos com o mesmo **amor** que a vó tinha."
(futura confeitaria)

Respeitar as pessoas e amar a atividade profissional que exerce são exemplos concretos de valores inquestionáveis:

"Quero ensinar tudo que aprendi para meus filhos, principalmente o **respeito**, que acho que é tudo na vida; sem respeito as outras coisas não têm sentido."

"Me pergunta se pretendo mudar de atividade? Jamais! Eu **amo** o que faço."

---

[13] Lewis Carroll é pseudônimo de Charles Lutwidge Dodgson, nascido em 27 de janeiro de 1832 em Cheshire, Inglaterra. Obras mais famosas: *Aventuras de Alice no País das Maravilhas*, publicada em 1865 e escrita para Alice Liddell, filha de Henry George Liddell, deão do Christ Church College; e sua continuação, *Através do Espelho*, publicada em 1872. Lewis Carroll faleceu em 14 de julho de 1898, em decorrência de uma bronquite.

Ao final das consultorias, auxiliamos os dois empreendedores a elaborar a razão de existir (missão) a partir de seus valores inquestionáveis (respeito e amor).

Missão da Loja de ferragens: prezar por nossos clientes, fornecedores, funcionários e comunidade, porque entendemos que respeito gera respeito.

Missão da futura confeitaria: proporcionar aos nossos clientes a experiência de provar as gostosuras de nossos bolos e doces feitos com amor.

Compreender o que é a organização permite aos empreendedores considerar a razão de existir (missão) não como um mero jogo de palavras ao vento que se formula, se emoldura e pendura-se na parede. Mas como algo que irá auxiliar no caminho a ser trilhado.

> — Poderia me dizer, por favor, que caminho devo tomar para ir embora daqui?
>
> — Depende para onde quer ir — respondeu o Gato.
>
> — Não me importa muito para onde — disse Alice.
>
> — Então não importa que caminho tome — disse o Gato.[14]

Tão importante quanto saber quem somos, saber para onde estamos indo é condição fundamental. É a partir da compreensão de quem somos que é possível enxergar com maior clareza para onde queremos ir. Da mesma forma que, compreendendo o que é a organização (missão), é possível planejar melhor para onde se deve ir (visão); ou não ir.

Após refletirmos sobre os "valores" e a "missão" das organizações, passamos agora, no segundo capítulo, a fazer algumas inferências à "visão". Dessa forma, já no início do livro, formaremos a já consagrada tríade da literatura administrativa (valores, missão e visão), para então avançarmos em outros conceitos que serão trabalhados.

---

[14] CARROLL, L. **Alice**: Aventuras de Alice no País das Maravilhas & Através do Espelho. 2. ed. Rio de Janeiro: Zahar, 2013, p. 51.

REFORÇANDO O CAPÍTULO

- Quando chegar às portas do paraíso, por favor, seja honesto.

- A rapidez e instantaneidade das redes sociais e aplicativos de conversação se assemelham, e muito, à Rainha de Copas que manda cortar a cabeça de todos. Portanto, tome cuidado. **Não perca a cabeça.**

2

VISÃO MOSCAL

Os valores organizacionais muito bem definidos e alinhados aos valores inquestionáveis devem ser a matéria-prima da missão (razão de existir) das organizações. Já a missão deve ser o ponto de partida para a visão (para onde queremos ir).

O filme *Karatê Kid: a hora da verdade*, lançado no Brasil em 1984, teve grande destaque no mundo todo e marcou toda uma geração dos anos 1980. A história basicamente era sobre um adolescente, Daniel Larusso, interpretado pelo ator Ralph Macchio, perseguido por jovens de seu colégio que eram lutadores de caratê. Na trama Daniel recebe ensinamentos do senhor Miyagi, interpretado pelo ator Pat Morita, para se defender e participar de um campeonato.[15]

Uma das várias cenas icônicas é quando Daniel Larusso, ao chegar na casa do senhor Miyagi, vê seu *sensei*[16] tentando pegar uma mosca com *hashi*[17].

— Com mata-moscas não seria mais fácil? — pergunta Daniel.

— Homem que pega mosca com pauzinhos realiza qualquer coisa — responde senhor Miyagi.

---

[15] O sucesso do filme rendeu as sequências: *Karatê Kid 2: a hora da verdade continua* (1986); *Karatê Kid 3: o desafio final* (1989); *Karatê Kid 4: a nova aventura* (1994, interpretado por Hilary Swank); *Karatê Kid* (2010, interpretado por Jaden Smith e Jackie Chan). Em 2018 foi lançada *Cobra Kai*, uma série baseada nos três primeiros filmes do Karatê Kid.

[16] *Sensei* vem da língua japonesa, onde *sen* significa anterior e *sei* significa nascimento. De forma geral podemos considerar que *sensei* quer dizer aquele que domina determinado assunto, que tem mais experiência. O termo remete à ideia de que a pessoa alcançou excelente conhecimento e treinamento e que, por isso, merece respeito, podendo ser um professor ou qualquer outro profissional que tenha alcançado um grau elevado de notoriedade; logo, sensei é sinônimo de professor ou mestre. Significado de outras expressões que podem se confundir com sensei: *senpai* (pessoa mais velha ou de maior tempo em determinada atividade); *issei* (imigrantes japoneses); *nissei* (filhos dos imigrantes japoneses); *sansei* (netos dos imigrantes japoneses); *yonsei* (bisnetos dos imigrantes japoneses).

[17] Palitinhos japoneses.

— Já pegou uma?

— Ainda não.

— Posso tentar?

— Se deseja. — Daniel pega o hashi e faz três tentativas frustradas, até que na quarta tentativa pega a mosca. Então o senhor Miyagi sai de cena indignado dizendo:

— Você, sorte de principiante.

A dificuldade de se pegar uma mosca, seja com *hashi* ou com mata-moscas, está para além do simples fato de sermos lentos e elas super-rápidas: tem a ver com a percepção do tempo, que varia por espécie.

Segundo especialistas o ser humano é capaz de captar, em média, 60 flashes por segundo de imagens enviadas dos olhos ao cérebro; no caso das moscas, esse número salta para incríveis 250 flashes por segundo[18,19]. Com uma capacidade quatro vezes maior de captar e processar imagens, se comparadas a nós, as moscas veem o mundo em câmera lenta; por isso, por vezes, incomodam tanto e fogem com tanta eficiência das chineladas.

Um dos maiores gênios da humanidade foi sem dúvida Leonardo da Vinci[20]. Em uma biografia escrita por Walter Isaacson, com muita perspicácia, logo na introdução, o autor afirma:

> Sua genialidade era do tipo que somos capazes de entender, do tipo que tiramos lições. Baseava-se em habilidades que podemos almejar desenvolver, como a curiosidade e a observação incansável [...] a ideia de não apenas assimilar o conhecimento, mas se mostrar

---

[18] HEALY, K. *et al*. Metabolic rate and body size are linked with perception of temporal information. **Animal Behaviour**, v. 86, n. 4, p. 685–696, 2013, ISSN 0003-3472, https://doi.org/10.1016/j.anbehav.2013.06.018. Disponível em: https://www.sciencedirect.com/science/article/pii/S0003347213003060#!. Acesso em: 17 out. 2022.

[19] HARDIE, R.; RAGHU, P. Visual transduction in Drosophila. **Nature**, n. 413, p. 186–193, 2001, https://doi.org/10.1038/35093002. Disponível em: https://www.nature.com/articles/35093002.pdf?origin=ppub. Acesso em: 17 out. 2022.

[20] Leonardo da Vinci às vezes é chamado equivocadamente de "Da Vinci", como se fosse seu sobrenome, e não uma designação que significa "do vilarejo de Vinci". Nasceu em 15 de abril de 1452 na vila de Vinci na Toscana, Itália. Filho de uma camponesa e de um tabelião, Leonardo desde a infância se mostrou autodidata. Extremamente criativo, mesclava arte com ciência como nenhum outro. O maior talento de Leonardo era sua habilidade aguçada para observar o mundo. Faleceu em 2 de maio de 1519.

sempre disposto a questioná-lo — ser criativo e, como muitos desajustados e talentosos e rebeldes de todas as épocas, pensar diferente.[21]

Uma das muitas lições que Leonardo deixou para a humanidade é justamente observar a natureza[22] e tentar assim compreender tudo o que ela tem a nos ensinar. Sem contar, é claro, sua função terapêutica, pois como disse Rubem Alves[23]: "boa psicanalista é a natureza, sem nada cobrar, pelos sonhos de amor que nos faz sonhar".[24]

Mas, afinal: o que as moscas têm a ver com as organizações e de que forma podem nos ajudar a compreender melhor a questão da visão nas empresas?

Existem na Terra aproximadamente 17 milhões[25] de moscas para cada pessoa. Apesar de algumas espécies serem vetores de bactérias patogênicas que causam doenças, outras espécies são essenciais para o meio ambiente: consomem corpos em decomposição, matam aranhas e até polinizam as plantas. Gosta de chocolate? Saiba que é justamente um tipo[26] de mosca que poliniza a flor do cacaueiro.

Está lembrado que a dificuldade de se pegar uma mosca vai além do simples fato de sermos lentos e elas super-rápidas, mas tem a ver com percepção do próprio tempo[27], que varia por espécie? Pois bem. Esses extraordinários seres, que nos remetem à ideia grega do *logos divino*[28], por vezes carniceiros e por outros polinizadores, têm muito mais a nos ensinar do que podemos imaginar.

Portanto, não é por acaso que este capítulo trata da figura da mosca, ora repugnante na concepção de alguns, ora espetaculosa

---

[21] ISAACSON, W. **Leonardo da Vinci**. Rio de Janeiro: Intrínseca, 2017, p. 22 e 28.

[22] *"De maneira contínua e, se possível, com relação a toda ideia, recorre à filosofia da natureza"* (MARCO AURÉLIO. **Meditações**. São Paulo: Edipro, 2019, livro VIII, p. 97.

[23] Rubem Alves (1933–2014): teólogo, educador, tradutor, psicanalista e escritor brasileiro. Autor de livros de filosofia, teologia, psicologia e de histórias infantis.

[24] ALVES, R. **As melhores crônicas de Rubem Alves**. 4. ed. Campinas, SP: Papirus, 2012, p. 9.

[25] MCALISTER, E. **The secret life of flies**. London: Quarto Publishing Group, 2018.

[26] Mosquinha do gênero *Forcipomyia*, parente do *maruim*, mosquitinho-do-mangue ou mosquito-pólvora picador.

[27] Sobre o tempo, algumas sugestões de leituras: SANTO AGOSTINHO. **Confissões**. 28. ed. Petrópolis, RJ: Vozes, 2019 (especialmente o capítulo XI, onde consta a famosa frase em que cabe presente, passado e futuro na transitoriedade: *"o que é, por conseguinte, o tempo? Se ninguém me perguntar, eu sei; se quiser explicá-lo a quem me fizer a pergunta, já não sei"*, p. 296); HAWKING, S. **Uma breve história do tempo**. Rio de Janeiro: Intrínseca, 2015.

[28] *Logos* = razoabilidade, inteligência. *Divino* = que não foi feito pelo homem.

para outros. Seguem alguns aspectos desse magnífico ser de olhos espalhafatosos dos quais podemos tirar lições e que serão mais bem trabalhadas de forma separada nos próximos capítulos:

Adaptação: algumas espécies de moscas conseguiram adaptar-se muito bem às condições criadas pelo homem no ambiente urbano;

Serenidade: são muito ativas durante o dia e repousam à noite;

Observação: possuem dois grandes olhos facetados;

Resiliência: o alimento ingerido só pode ser líquido ou pastoso e para isso a mosca lança uma substância (saliva) sobre ele para dissolver e assim poder ingeri-lo, pois não consegue colocar nada sólido para dentro do organismo;

Presença: os locais visitados pelas moscas apresentam manchas escuras, produzidas pelo depósito de suas fezes; e manchas claras, provocadas pelo lançamento de saliva sobre o alimento, para que depois possa ser sugado.

3

ADAPTAÇÃO

Algumas espécies de moscas conseguiram adaptar-se muito bem às condições criadas pelo homem no ambiente urbano.

Adaptação vem de "adaptar", que, do latim *adaptare*, significa ação ou efeito de acomodar, ajustar.

Se considerarmos a evolução das espécies[29] (as adaptações, os acomodamentos, os ajustamentos dos seres vivos), que levou milhares de anos, e que se deu de forma não casual, nos remetendo à ideia de Darwin de que as transformações possibilitaram, para muitos organismos, maiores chances de sobrevivência no meio ambiente, harmonizando-se fisiológica e morfologicamente ao ecossistema no qual estão inseridos, isso nos faz refletir e fazer uma analogia sobre o que não é uma escolha, mas sim uma condição para que as organizações que estão inseridas num ambiente de constante movimento possam ao menos ter alguma chance de sobrevivência, ou seja, a adaptação.[30]

Quando descrevemos que o alimento ingerido pela mosca só pode ser líquido ou pastoso e para isso a mosca lança uma substância (saliva) para dissolvê-lo e assim poder ingeri-lo, pois não consegue colocar nada sólido para dentro do organismo, para além do que consideramos ser uma espécie de resiliência (de que falaremos a seguir),

---

[29] A obra *Sobre a origem das espécies através da seleção natural* de Charles Darwin (1859) se contrapôs à versão cristã da criação do mundo.

[30] Nesse processo de adaptação importante destaque deve ser dado aos encaminhamentos feitos pelo presidente norte-americano Joe Biden por meio de decreto em julho de 2021, com o objetivo de aumentar a competitividade entre as empresas e fortalecer as leis antitruste. Uma das medidas no decreto do presidente democrata previa banir ou limitar acordos em que os funcionários são impedidos de aceitar ofertas de trabalho de empresas concorrentes. Será que os próprios defensores do Capitalismo, por vezes, compreendendo a importância dos limites que devem ser impostos, procuram formas de amenizar o impacto da exploração da força de trabalho? Logo, o céu não é o limite, como pensam alguns, para a exploração da força de trabalho, apesar dos benefícios do exército de reserva para o Capital. Portanto, as empresas necessitam adaptar-se, principalmente, nesse caso, as de tecnologia.

isso **é** sem dúvida uma adaptação fundamental que possibilita sua sobrevivência.

As condições desfavoráveis levaram os seres vivos a se adaptarem, onde só aqueles que conseguiram se ajustar/mutar sobreviveram. Da mesma forma as organizações inseridas num ambiente em constante movimento, por vezes de condições desfavoráveis, necessitam se adaptar para sobreviver. Enquanto a luta pela sobrevivência entre os seres vivos se dá no campo da defesa, reprodução, locomoção, alimentação e condições climáticas, a luta pela sobrevivência das organizações se dá no campo da concorrência, expansão, logística, marketing, finanças e outras. *A seleção natural não se trata necessariamente do mais forte, mas da capacidade de adaptação ao ambiente.*

Importante destacar no contexto da adaptação uma questão fundamental no processo de tentativa e erro[31] no qual as organizações estão necessariamente incluídas: o conhecimento.

Viver na era da informação instantânea provoca um dos maiores desafios não somente para gestores de organizações, mas para todos: separar o essencial do acessório, o autêntico do fictício, o funcional do ornamental, o útil do inútil. Segundo um dos maiores físicos da história, Stephen Hawking,

> Há cerca de 50 mil novos livros publicados em língua inglesa todo ano, contendo algo na ordem de 100 bilhões de bits de informação [...] a maior parte dessa informação é lixo e não tem utilidade para nenhuma forma de vida.[32]

Logo, saber escolher e administrar as informações de forma coerente para transformá-las em conhecimento é também uma forma de adaptação.

Gestores bem-informados e, por isso, mais preparados reduzem a probabilidade de erros em suas tentativas de acertos, evitando, assim, inúmeros dissabores que são costumeiros nesse processo de seleção natural.

---

[31] O aprendizado humano e a evolução das espécies dependem de processos de tentativa e erro. No entanto e no caso específico da evolução das espécies, existem inúmeros outros fatores que interferem. Portanto, não levar em consideração o fator "acaso" seria desconsiderar todo os estudos já realizados na área.

[32] HAWKING, S. **Breves respostas para grandes questões**. Rio de Janeiro: Intrínseca, 2018, p. 101.

E quando os empreendedores se deparam com uma situação totalmente inimaginável, como uma crise sanitária mundial?

A pandemia de 2020 testou o poder de adaptação de inúmeras organizações; e nesse período, infelizmente, vimos uma quantidade considerável de negócios fechando e de outros se reinventando:

- empresas que elegeram o *home office* como prática recorrente;

- empreendedores que até então não estavam acostumados às vendas online e à digitalização dos negócios reinventaram sua forma de comercializar, de se comunicar com os clientes e de oferecer seus produtos e serviços;

- bares, lanchonetes e restaurantes que mudaram seus processos de higienização, entregas por *delivery* e estrutura para atender, não somente por causa das medidas sanitárias que foram e que serão a partir de agora cada vez mais rigorosas; mas também por clientes agora mais preocupados com a segurança alimentar e qualidade dos produtos;

- cabelereiras e manicures que atendem em domicílio;

- profissionais liberais de diversos ramos que apostaram em cursos online e encontraram uma oportunidade de negócio.

Exemplos não faltam de empreendedores que, com determinação, visão de negócio e poder de adaptação, permaneceram firmes; e de tantos outros que infelizmente sucumbiram por motivos diversos e que, por isso, merecem todo nosso respeito.

No caso da educação, durante a pandemia, temos os professores que precisaram adaptar sua metodologia nas aulas para plataformas de comunicação online, para dar continuidade às aulas e estar próximos dos alunos. Evidentemente que, para além do esforço de adaptação dos professores, temos na outra ponta a questão da exclusão digital dos alunos, principalmente de escolas públicas, fruto da exclusão social, que tiveram enormes dificuldades de acesso às plataformas das aulas remotas. Tais apontamentos, como exemplo, servem para que possamos perceber, em maior profundidade, quão emaranhado é um processo de adaptação; mas é necessário.

Aproveitando ainda o caso da educação na pandemia: vencidas as primeiras batalhas (aulas presenciais *versus* aulas remotas), e mesmo deparando-se com a exclusão digital de muitos alunos, as aulas somente não foram interrompidas totalmente durante o período de distanciamento social[33] basicamente por dois motivos: pela rápida resposta de muitos colégios e algumas universidades; e porque para muitos professores "o que deve ser ensinado" e "como deve ser ensinado" já estavam enraizados desde sua formação inicial.

Se do ponto de vista da educação, colégios e universidades agora sabem "o que fazer" e "como fazer" em caso de uma nova pandemia, do ponto de vista empresarial empreendedores agora sabem, ou pelo menos deveriam saber, o que fazer e como fazer em suas organizações em caso de um novo flagelo mundial.

Pergunte para um empreendedor, por exemplo, que tinha uma "reserva de emergência"[34], qual foi o impacto em seu negócio quando precisou fechar as portas em cumprimento às normas de vigilância sanitária em determinado período da pandemia. O conhecimento básico de controle financeiro, levado na prática, fez da reserva de emergência um dos grandes aliados de gestores de empresas na pandemia de 2020. Para alguns, a reserva de emergência evitou dissabores; para outros, ao menos, tornou-os menos amargos.

Voltemos às lições das moscas: se algumas espécies de moscas conseguiram adaptar-se muito bem às condições criadas pelo homem no ambiente urbano, quais aspectos podem ajudar as organizações a se adaptarem ao ambiente empresarial altamente competitivo? Talvez serenidade, observação, resiliência, presença...

Continuemos nossas análises sob a ótica moscal.

---

[33] Alguns colégios e universidades praticamente não pararam, conseguindo rapidamente se adaptar ao modelo de aula remota.

[34] Quantidade de dinheiro que separamos para os imprevistos.

4

SERENIDADE

O homem sereno procura serenidade para si e para os outros.

(Epicuro)

A palavra serenidade vem do latim *serenitas*, de *serenus*, que significa calmo, tranquilo, claro.

As moscas, como vimos, são muito ativas durante o dia e repousam à noite. Pois bem. Do ponto de vista humano (lembrando que nossa percepção de tempo é diferente: flashes por segundo etc. etc.), se a mosca vive em média "apenas" 30 dias, então ela deveria ser mais ativa durante a noite para fazer o que é próprio dela, ou seja, *moscatear*[35]: comer, reproduzir e infernizar a vida dos seres humanos. Correto? É como se alguém dissesse: Sua mosca idiota, você tem somente 30 dias de vida, aproveita mais seu tempo moscateando, comendo e reproduzindo. Mas não! Esse ser de olhos espalhafatosos é sereno e tranquilo, e nessa mansidão de abocanhar e procriar durante o dia e relaxar durante a noite, mantém um perfeito equilíbrio; e nesse processo de existência *moscal*[36], curto para nós e normal[37] para elas, nos deixa a seguinte mensagem:

Mensagem de uma mosca para os seres humanos:

Somos 17 milhões para cada um de vocês seres humanos. Não somos poucas. Aprendam conosco. Em nossos 30 longos dias de vida deixamos o planeta Terra menos fétido e putrefato. Como vocês deixam o planeta após seus incrí-

---

[35] Novo vocábulo.
[36] Novo vocábulo.
[37] O que é de fato normal?

veis 27.959 dias de vida[38]? Nossa vida é serena, tendo por princípio moscatear: comer, reproduzir e descansar. E vocês seres humanos, também moscateiam? Enquanto para nós (moscas) o descansar se limita ao simples relaxamento para a perfeita manutenção de nosso processo fisiológico, para vocês (seres humanos) o descansar se refere ao relaxamento físico e mental; no entanto, o que de fato, e principalmente, entre tantos outros aspectos, diferencia nós moscas de vocês seres humanos é sua incrível capacidade, na maioria das vezes não aproveitada, de praticar o ócio. Portanto, assim que compreenderem e começarem a consumir o ócio, talvez, então, possamos conversar mais sobre como vocês podem aproveitar melhor suas vidas.

Ter serenidade neste mundo, aparentemente agitado por nosso modo de viver, deve ser uma meta, sejamos gestores de organizações ou não. A serenidade inclui dosar na medida certa o trabalho profissional necessário e o descanso físico e mental; e ainda reservar um tempo para o ócio.

Mas atenção!

Não é que o mundo[39] é agitado. O mundo é mundo desde sempre, e, por isso, segue seu ritmo. É o "nosso" mundo, aquele que inventamos (dos negócios, da vida em sociedade), que faz parecer agitado. E para aumentar ainda mais nossa percepção equivocada criamos nossos "mundinhos". É possível dar conta de tantos? Acredito que nem os deuses conseguiriam.

Você pode estar perguntando: que história é essa de ócio? Ou:

Não tenho tempo para isso.[40]

Se ficar sem fazer nada, quem vai vender?

Quem vai produzir?

Quem vai atender o cliente?

Quem vai comprar?

Quem vai negociar?

---

[38] Segundo o IBGE (2019), uma pessoa nascida em 2019 no Brasil tinha uma expectativa de viver, em média, 76,6 anos (365 x 76,6 = 27.959 dias).

[39] "Existe, com efeito, um só mundo ordenado que abrange tudo, uma só Divindade engloba tudo, uma única substância, uma só lei, uma só razão comum a todos os seres vivos inteligentes e uma única verdade" (MARCO AURÉLIO. **Meditações**. São Paulo: Edipro, 2019, livro VII, p. 82).

[40] *Time is Money.*

Quem vai pagar os boletos?

Quem vai administrar a empresa?

Quem? Quem? Quem?

O ócio (*otium*)[41] remete à ideia de tempo livre, lazer. Para os gregos antigos o dia era fracionado em três períodos: tempo destinado ao trabalho (*ascholía*); tempo para o descanso (*anápausis*); e o tempo destinado ao lazer (*scholé*).

Por tempo livre e lazer entendia-se que as pessoas que estavam livres do trabalho estavam livres para o cultivo do corpo e do espírito por meio do aprendizado; daí a ideia de escola.

O ócio tem relação com o pensar e, portanto, quem pratica o ócio está no caminho do conhecimento, que, por sua vez, só é possível pela reflexão.

O que isso tem a ver com as organizações?

A serenidade nos leva ao ócio, que por sua vez nos leva à reflexão. A reflexão ajuda os gestores de empresas na elaboração e melhoria de seus Planos de Negócios, que, como vimos, são um importante instrumento de planejamento, ou seja: é o caminho a ser trilhado, o seu GPS[42].

---

[41] Em latim a letra "t" tem som de "c".

[42] Sistema de Posicionamento Global.

5

ÓCIO + REFLEXÃO = PLANO DE NEGÓCIOS (GPS)

Quando você decide deslocar-se para determinado local, por exemplo, ao inserir a localização, o GPS do seu veículo mostra na tela o caminho a ser percorrido. Esse incrível aparelho que melhorou a vida dos condutores, principalmente nos grandes centros urbanos, é um mecanismo capaz de localizar, com precisão, sua posição em qualquer lugar do mundo desde que tenha cobertura. Após inserir a localização para onde se quer ir, o aparelho, mediante coordenadas obtidas em tempo real de satélites, cruza os dados com uma infinidade de outros serviços como mapas, câmeras, redes sociais etc.

Portanto, o Plano de Negócios é como um poderoso GPS que contém todas as coordenadas, possibilitando ao condutor (empreendedor) estar mais preparado para evitar equívocos e percorrer o trajeto com maior segurança frente aos desafios que o negócio exige. O GPS é 100% seguro? Infelizmente não. Algumas manchetes de notícias:

"Casal de suíços atacado a tiros entrou na Cidade Alta por orientação do GPS"[43]

"Mulher morre após casal entrar por engano em comunidade em Niterói"[44]

"Agentes da Polícia Federal seguem GPS, entram em favela do Rio e são atacados"[45]

---

[43] Ver: https://extra.globo.com/casos-de-policia/casal-de-suicos-atacado-tiros-entrou-na-cidade-alta--por-orientacao-do-gps-24164356.html.

[44] Ver: http://g1.globo.com/rio-de-janeiro/noticia/2015/10/mulher-morre-apos-entrar-por-engano-em--comunidade-em-niteroi-rj.html.

[45] Ver: https://ultimosegundo.ig.com.br/policia/2020-02-14/agentes-da-pf-seguem-gps-entram-em-favela-do-rio-e-sao-atacados-um-morreu.html.

"Turista é morta com tiro após GPS levá-la a bairro violento"[46]

Assim como para o condutor de veículos é praticamente impossível, no trânsito por vezes caótico dos grandes centros urbanos, não fazer uso do GPS para deslocar-se, também para o empreendedor é praticamente impossível, no mercado altamente competitivo, não fazer uso do Plano de Negócios[47]. Quando dissemos que o Plano de Negócios é como um poderoso GPS que evita equívocos, não dissemos que elimina equívocos.

Algumas situações comuns[48] em pequenas e médias organizações[49]:

Situação 1 – Ausência de Plano de Negócios. Empreendedor montou o negócio sem conhecimento no ramo de atividade. Não busca conhecimento sobre o ramo e nem como administrar o negócio = grande probabilidade de insucesso nos negócios.

Situação 2 – Ausência de Plano de Negócios. Empreendedor montou o negócio com certo conhecimento no ramo de atividade. Busca conhecimento sobre o ramo e como administrar = menor probabilidade de insucesso nos negócios.

Situação 3 – Presença de Plano de Negócios (somente no papel). Empreendedor com conhecimento no ramo de atividade e sobre como administrar = maior probabilidade de sucesso nos negócios.

Situação 4 – Plano de Negócios constantemente atualizado. Empreendedor com grande conhecimento no ramo de atividade e sobre como administrar = grande probabilidade de sucesso nos negócios.

Situação 5 – Plano de Negócios constantemente atualizado. Empreendedor conhece em detalhes o ramo de atividade e sabe,

---

[46] Ver: http://g1.globo.com/sc/santa-catarina/noticia/2017/01/turista-gaucha-morre-apos-levar-tiro--no-norte-da-ilha.html.

[47] Pelo menos para aqueles que querem se manter no mercado e desenvolver-se.

[48] Só é possível perceber tais situações como comuns quando se tira o véu da aparência. O sucesso duradouro de muitos empreendedores de micro e pequenas empresas está para além do que se apresenta em sua externalidade. Tem a ver, também, apesar de não parecer, com: virtudes, moral, equilíbrio, esforço, controle das emoções e exercício da razão.

[49] Existem outras combinações. As cinco situações aqui apresentadas são as mais recorrentes que foram observadas em quase duas décadas como professor.

e busca, como administrar cada vez melhor. Faz uso da "reflexão" como fonte poderosa e inesgotável de novas ideias para adaptar/melhorar/mudar seu negócio. Faz uso da "reflexão" pautando sua vida pessoal nas virtudes, moralidade e esforço = probabilidade de "eudaimonia"[50].

A questão central que levantamos nesta altura da exposição é a seguinte:

- Quanto do tempo você desperdiça "apagando incêndios", e quanto do seu tempo você investe refletindo sobre o que está causando os "incêndios" e como é possível evitá-los?

Na vida profissional:

- Devo continuar fazendo exatamente como estou fazendo em relação àquelas coisas que estão dando certo na organização?[51]

- Atualmente se fala muito em inovação. É possível "não inovar" e continuar tendo sucesso?[52]

Na vida pessoal:

- De que forma é possível ser um ser humano melhor?[53]

Reservar um tempo para a reflexão nos possibilita enxergar detalhes até então imperceptíveis. Permite distinguir o que pode ser

---

[50] *Eudaimonia* vem do grego e se refere de forma resumida a realização, viver uma boa vida de prosperidade humana, moral e espiritual. *Eudaimonia*, que é *um estado de ser* muito mais abrangente, está para além da simples felicidade, que é apenas uma mera emoção. Exemplos práticos de *eudaimonia*: ser um patrão justo com os empregados; ser um bom pai e uma boa mãe; ser um professor que faça diferença na vida dos alunos; pautar todas as ações profissionais e pessoais com honestidade, integridade, justiça, prudência e sabedoria. Para Aristóteles, a felicidade é, acima de tudo, uma finalidade maior e comum a todos os seres racionais. Logo, todas as ações humanas ocorrem visando a alcançar algum estágio de felicidade. Esse processo, no entanto, não dá ao ser humano a plena liberdade de ação e, portanto, deve estar em conformidade com a felicidade dos outros. Logo, os exemplos já mencionados: bom pai, boa mãe, bom professor etc. Dessa forma, a *eudaimonia* aristotélica está baseada na excelência da ação humana, que possibilita a virtude por meio do que Aristóteles chamou de mediania ou justa medida da ação.

[51] Essas questões podem não estar contidas no Plano de Negócios, por isso a reflexão ser imprescindível.

[52] A expressão "inovação" tornou-se uma espécie de palavra de ordem, um mantra, uma obrigação para todo empreendedor; mas, afinal, o que é inovar? Vamos procurar desmistificar e discutir isso, com maior profundidade, em outro momento, em outra obra.

[53] O equilíbrio entre a vida profissional e pessoal é fundamental para alguns e para outros nem tanto. Esse equilíbrio é fundamental para você? Caso seja, a reflexão é ainda mais importante para um justo alinhamento.

controlado e, por isso, adaptado/melhorado/mudado, daquilo que não podemos controlar.[54]

Voltando à questão do ócio, os empreendedores precisam reservar um tempo ao ócio, para que então sua mente, livre das preocupações cotidianas, possa olhar para além das aparências e concentrar suas forças no que realmente importa.

Lembro de uma orientação empresarial onde o proprietário de uma loja reclamava do filho, na época com 16 anos, que segundo ele não tinha responsabilidade e era mau exemplo para os funcionários; enfim, o empresário queria uma solução.[55] Depois de ouvir o filho, alguns funcionários e após diagnóstico,[56] foi sugerido ao proprietário algumas mudanças na relação parental, principalmente no sentido de participar mais ativamente da vida do filho. Para nossa satisfação, alguns meses depois o proprietário retornou para agradecer, contando que uma afinidade entre eles havia brotado e que atitudes positivas e proativas do filho eram visíveis por todos na organização.

Para aquele empreendedor, o filho era irresponsável (aparência); mas foi preciso alguém de fora da empresa (orientador empresarial)[57] perceber que as atitudes do filho não passavam de tentativas frustradas de chamar a atenção do genitor, situação muito comum na adolescên-

---

[54] "Das coisas, algumas estão sob nosso controle, outras não. Estão sob nosso controle o juízo, o impulso, o desejo, a repulsa — em suma: o quanto for ação nossa. Mas não estão sob nosso controle o corpo, as posses, a reputação, os cargos públicos — em suma: o quanto não for ação nossa. As coisas que estão sob nosso controle são por natureza livres, desimpedidas, desobstruídas. As que não estão sob nosso controle são fracas, escravas, obstruídas, alheias" (**O manual de Epicteto**. Campinas: Auster, 2020, p. 31).

[55] Solução vem do latim *solutio*, que carrega o sentido de decompor, dissolver, derreter, dissipar. Um problema necessita sofrer todo um processo de decomposição e análise para ser compreendido e, por fim, resolvido. Uma das formas de se decompor e analisar um problema é fazendo um diagnóstico.

[56] Do francês *diagnostique*, que se reporta ao adjetivo grego *diagnostikós* (aquele que é capaz de discernir). O diagnóstico é um ato de conhecimento (*gnósis*) aliado ao esforço de decisão sobre o que fazer após a constatação.

[57] Consultor tem origem no latim *consultor, oris*, e se refere àquele a quem se consulta ou o que dá conselhos; aquele que tem a função de dar pareceres, fornecer subsídios. Como a expressão é um derivado da palavra consultoria, do latim *consultare* (receber conselho de), assim como também das palavras consulta e consultório (fazendo ligação, mesmo que inconsciente, com o médico, que é o profissional que delibera, que decide o que é melhor fazer), temos por preferência a expressão "orientador empresarial" ao invés de "consultor empresarial". Orientador vem do latim *oriens* (leste, a parte do céu por onde nasce o sol), de *oriri* (nascer, erguer-se, levantar-se). Logo, uma pessoa orientada sabe qual é sua origem e para onde vai. O orientador é quem sabe guiar-se e guiar os outros, podendo nortear-se (ir para o norte) de qualquer lugar do mundo. O "orientador empresarial" orienta, guia e mostra o caminho; diferente do médico, que delibera. A decisão de qual caminho tomar sempre será do empreendedor e nunca do "orientador empresarial". Já no consultório, a decisão sobre o tratamento e medicação cabe ao médico, salvo raríssimas exceções.

cia. A partir da aproximação do pai, o filho revelou responsabilidade e interesse pelos assuntos da empresa (essência).

A busca daquele pai por uma "solução rápida"[58] tinha apenas um efeito temporário nos sintomas, e não nas causas. É como aquele sujeito que está com uma terrível dor de cabeça, compra na farmácia um analgésico, e, passado um tempo, o efeito da medicação cessa e a dor volta. Então o sujeito procura um médico que, ao fazer algumas perguntas, e com base em sua experiência clínica, dá o diagnóstico ao paciente: "O fígado não está funcionando corretamente. Pegue esta receita, tome a medicação e em dois dias estará curado". A "solução" para muitos dos problemas nas empresas só é possível por meio de um diagnóstico: separando a aparência da essência; analisando a essência; projetando as possíveis decisões; e escolhendo a menos improvável. Você pode estar se perguntando: Por que tudo isso? A resposta é simples; no entanto, os desdobramentos não o são: porque nas organizações, por serem em sua grande maioria familiares, as pessoas que ali trabalham estão ligadas por laços consanguíneos.[59] Como disse Walt Whitman[60], "sermões e lógicas jamais convencem".

Após o relato e agradecimento do empreendedor, ele foi orientado a reservar momentos de reflexão, de ócio, pois situações parecidas poderiam ser facilmente identificadas pela reflexão, sem a necessidade de uma nova orientação empresarial.[61]   Assim sendo, reservem tempo para a reflexão, para o ócio, para o cultivo do corpo e do espírito, do aprendizado, das boas ideias.[62]

Posso fazer isso, refletir sobre essas e outras coisas, durante o período de trabalho e/ou no ambiente de trabalho? Depende.

Caso tenha uma sala confortável imune de qualquer contato com funcionários, clientes, celular, enfim, livre de qualquer ruído pro-

---

[58] Que geralmente vinha em forma de sermão: como ser mais responsável pela empresa; como valorizar as coisas da empresa; como se comportar na empresa etc.

[59] Dos problemas, oportunidades e ameaças provenientes desses laços consanguíneos trataremos em maior profundidade em outro momento.

[60] Walt Whitman (1819–1892): poeta, ensaísta e jornalista norte-americano. Considerado um dos maiores poetas dos Estados Unidos.

[61] Não que a orientação empresarial não seja importante, pelo contrário: é imprescindível. No entanto, em se tratando, principalmente, de micro e pequenas empresas, não é possível contratar e pagar constantemente bons orientadores externos.

[62] Platão enumera três bens: sabedoria (bem da alma), saúde (bem do corpo) e riqueza (bem externo). **Górgias de Platão**. São Paulo: Perspectiva, 2016, cf. 467e, p. 241.

veniente do ambiente de trabalho, parabéns! Você é um em um trilhão. Infelizmente a realidade é um pouco diferente.

Então como fazer?

Já escutei relatos de pessoas que conseguem refletir das formas mais inusitadas possíveis: pescando, caminhando, correndo, escalando, jogando uma partida de sinuca[63], fazendo a limpeza semanal da piscina, soltando pipa com o filho, sentado em um banco de praça, meditando, lendo[64]. Certa vez escutei o seguinte: "Quando tenho um problema muito sério para resolver dou um pulinho no jardim da saudade[65]; lá sinto uma paz e tranquilidade muito grandes e assim consigo raciocinar com mais clareza".

O ideal é não recorrer à reflexão apenas quando se tem "um problema muito sério para resolver", mas sim estabelecer dias e horários para a prática do ócio: o ócio deve se tornar uma rotina.

Estar ocioso não é estar "vagabundeando". Ócio não é "não fazer nada". Ócio[66] é selecionar o que vai fazer com vistas a poder estar em condições físicas e intelectuais para pensar; refletir sobre as coisas que são importantes para descobrir o que de fato é importante. Distinguir o que pode ser controlado do que não pode ser controlado. Separar a essência da aparência.

Portanto, pratique o ócio[67,68] longe da empresa; até porque a própria acepção da palavra negócio, do latim *necotium*, que vem da junção *nec* (advérbio de negação) + *otium* (**ócio**), é a negação do pensar.

---

[63] Só não faça uso de substâncias que venham a atrapalhar/reduzir sua capacidade de raciocínio.

[64] Preferencialmente os livros clássicos da literatura mundial, principalmente se já passamos dos 40 anos: a vida é demasiado curta para atermo-nos a frivolidades.

[65] Os cemitérios são classificados em: horizontal, vertical e jardim ou parque. Os cemitérios horizontais são os mais comuns e antigos, onde os corpos são sepultados de forma subterrânea e em área aberta para túmulos e jazigos. Os cemitérios verticais são uma boa opção para resolver o sério problema de falta de espaço, principalmente nos grandes centros urbanos. Os cemitérios jardim ou parque possuem geralmente ampla área verde, alguns inclusive com atrativos naturais; os jazigos são subterrâneos, cobertos por gramado e identificados por placas (PETRUSKI, M. R. A cidade dos mortos no mundo dos vivos: os cemitérios. **Revista de História Regional**, v. 11, n. 2, p. 93–108, 2006).

[66] *"É ocioso quem tem a percepção de seu ócio".* SÊNECA. **Sobre a brevidade da Vida**. São Paulo: Companhia das Letras, 2017, p. 25.

[67] "Homens de intelecto elevado às vezes obtêm seus maiores avanços quando trabalham menos, uma vez que suas mentes, então, ocupam-se com as ideias e com o aperfeiçoamento dos conceitos aos quais posteriormente darão forma" (LEONARDO DA VINCI. Rio de Janeiro: Intrínseca, 2017, p. 553).

[68] "Só os que estão disponíveis para a sabedoria são os 'ociosos', só eles vivem, pois não apenas de seu tempo de vida são bons guardiões, mas acrescentam a este toda a eternidade" (SÊNECA. **Sobre a brevidade da Vida**. São Paulo: Companhia das Letras, 2017, p. 27).

A serenidade nos possibilita reservar um tempo ao ócio. O ócio, por sua vez, nos leva à reflexão. Um sujeito que reflete sabe a importância de se elaborar e melhorar o Plano de Negócios de sua empresa, que nada mais é do que uma espécie de GPS que guia e orienta. Logo, um sujeito que reflete é um sujeito diferenciado dos demais. Duvida? Seja mais sereno, pratique o ócio, reflita melhor sobre os negócios e a vida e aguarde os resultados.

6

OBSERVAÇÃO

Nos campos da observação, o acaso favorece apenas as mentes preparadas.

(Louis Pasteur)

A bilocação[69], antes somente possível sob os olhos da fé, deu espaço para o que chamo de *Infinitus Locus High Tech*[70]; ou seja, possibilidades infinitas de estar em vários lugares ao mesmo tempo pela alta tecnologia.

Antes o diretor de uma empresa, por exemplo, precisava se deslocar por quilômetros para estar com os gerentes das filiais. Hoje esse mesmo gerente marca uma reunião online por plataformas via internet, que suportam quantas pessoas forem necessárias; tudo em tempo real.

Se por um lado a tecnologia nos possibilitou avanços até pouco tempo inimagináveis para nossos antepassados não muito distantes, por outro revelou alguns reveses.

"Se podes olhar, vê. Se podes ver, repara."[71] A mensagem tão óbvia e ao mesmo tempo intensa e hermética[72] que essas palavras nos transmitem logo no início da obra *Ensaio sobre a cegueira*, de José Saramago[73], dá o tom da profundidade de reflexões que estão por vir

---

[69] Presença simultânea de uma pessoa em dois lugares diferentes. Alguns santos que segundo a Igreja Católica tinham o carisma da bilocação: São Padre Pio (1887–1968); São Martinho de Porres (1579–1639); São João Bosco (1815–1888); Santo Antônio de Pádua (1195–1231); São Francisco Xavier (1506–1552).

[70] Pois através dos aplicativos de conversação e plataformas de reuniões online as possibilidades são infinitas: tetralocação, decalocação, icosalocação, pentecontalocação, enenecontalocação; e por aí vai.

[71] SARAMAGO, J. **Ensaio sobre a cegueira**. São Paulo: Companhia das Letras, 1995.

[72] Hermética: enigmática, de difícil compreensão.

[73] José Saramago (1922–2010) foi um importante escritor português. Destacou-se como romancista, teatrólogo, poeta e contista. Recebeu o Prêmio Camões, em 1985, o mais importante prêmio literário da língua portuguesa, e o Prêmio Nobel de Literatura, em 1998.

na história que conta sobre uma pandemia, uma cegueira branca, que retrata ao mesmo tempo o colapso da sociedade e a possibilidade de reconstrução dessa mesma sociedade.

Se do ponto de vista logístico essas reuniões e treinamentos virtuais, que se tornaram mais intensos com a pandemia do novo coronavírus de 2020, foram uma excelente alternativa para não parar completamente as atividades laborais, do ponto de vista humano nos faz refletir sobre muitas questões.

Uma característica que considero importante em todo professor que se preze é sem sombra de dúvidas o poder da observação; e é incrível como vamos nos aperfeiçoando nisso com o passar dos anos, não no sentido físico, mas ao perceber certas situações, certos sinais.

Quando sei que a aula está quase acabando? Quando vejo no relógio que faltam menos de dez minutos para o término? Não necessariamente, mas ao perceber que mais de 90% dos alunos já colocaram seu material dentro das mochilas e suas respectivas mochilas já estão devidamente colocadas sobre o colo; então sei que a aula está quase acabando.

Quando sei que a aula acabou? Quando o sinal toca? Na universidade não existe sinal; mas ao perceber que alguns alunos, além de estarem com suas mochilas sobre o colo, estão quase caindo sentados na ponta da cadeira,[74] então sei que a aula já acabou.

Quando aperfeiçoamos o poder da observação na convivência com os demais, começamos a escutar e sentir os sinais:

> Para aquele empreendedor, o filho era irresponsável (aparência); mas foi preciso alguém de fora da empresa (orientador empresarial) perceber que as atitudes do filho não passavam de tentativas frustradas de chamar a atenção do genitor, situação muito comum na adolescência. A partir da aproximação do pai, o filho revelou responsabilidade e interesse (essência) pelos assuntos da empresa [...]

Quantas oportunidades deixamos escapar pela ausência de uma observação mais acurada? Impossível mensurar.

Ao mencionar os benefícios, indiscutíveis, das plataformas digitais que nos permitem fazer reuniões virtuais em tempo real com várias

---

[74] Já presenciei tombos, alguns inclusive espetaculares.

pessoas, não podemos deixar de registrar os inconvenientes que a falta da presença física (contato, olhar nos olhos) traz para nós. Logo, é preciso desenvolver e/ou aumentar nossa capacidade de observação.

É possível desenvolver e/ou aumentar a capacidade de observação, de perceber as situações, de compreender os sinais?

Infelizmente a resposta não é tão simples. Para tanto, vamos trabalhar de forma concisa o conceito de "Consciência Situacional"[75].

Basicamente a Consciência Situacional é a capacidade de perceber os elementos no ambiente, dentro de um determinado tempo e espaço, compreender seu significado e projetar o ambiente futuro.[76] Esse conceito é considerado de extrema importância e é trabalhado continuamente, e principalmente, nas áreas da aviação civil e segurança pública, pois suas análises possibilitam aprofundar possíveis soluções e aumentar a probabilidade de acerto nas tomadas de decisões em situações de adversidade.[77]

Existe uma infinidade de casos reais envolvendo voos aéreos, alguns com desfechos felizes e outros nem tanto.

Um deles é o que ficou conhecido como "O milagre do rio Hudson", ocorrido em 15 de janeiro de 2009, sobre o pouso de emergência de um avião da US Airways no rio Hudson, em Manhattan, salvando todas as 155 pessoas a bordo. O incidente foi retratado em um livro[78], que virou um best-seller, escrito pelo próprio comandante Chesley Sullenberger III, que foi adaptado para os cinemas com o ator Tom Hanks no papel de Sully, que leva o nome do filme.

Decorridos trinta minutos de filme, momento em que o avião decola e em seguida suas duas turbinas são atingidas e danificadas por pássaros, a conversa do piloto com o copiloto e com o controle de tráfego aéreo nos dá uma clara noção do quanto a consciência situacional do piloto foi precisa e decisiva para evitar uma grande tragédia.

Apesar de toda a pressão psicológica da iminente queda da aeronave e da insistência do controlador de voo para que tentassem

---

[75] Situational Awareness (SAW).

[76] ENDSLEY, M. R. Design and Evaluation for Situation Awareness Enhancement. Conference Paper. **Proceedings of the human factors and ergonomics society annual meeting**, v. 32, n. 2, p. 97–101, 1988.

[77] Lembrando que a ideia do "ócio" é, também, se antecipar aos problemas para evitar a todo instante "apagar incêndios"; e como as adversidades sempre existirão cabe a discussão do conceito de Consciência Situacional ser trabalhada dentro das empresas de forma contínua.

[78] SULLENBERGER, C. Sully: o herói do rio Hudson. Rio de Janeiro: Intrínseca, 2016.

retornar ao aeroporto ou pousar em outra pista mais próxima que ficava a 11 quilômetros, o piloto mantém todo o protocolo padrão: tenta ignição; tenta força auxiliar; solicita ao copiloto verificar o guia (manual); e, por fim, mantém sua decisão, sem hesitar, de pousar no rio.

A compreensão rápida dos fatores não permitiu que a tomada de decisão fosse afetada pela influência externa (controlador de voo), apesar de toda a atmosfera angustiante.

A percepção de todos os elementos em curto espaço de tempo (aeronave planando; controlador de voo tentando colaborar sem efeito prático; o rio como única alternativa possível) fez o piloto compreender o significado da situação e projetar para ele o que, com base em sua consciência situacional, seria o cenário mais ideal[79]: pousar com o menor número possível de vítimas fatais.

> [...] não achei que ia morrer. Com base na minha experiência, eu tinha confiança de que podia fazer um pouso de emergência na água e sobreviver a ele. Aquela confiança era mais forte que qualquer medo [...].[80]

Caso não seja um piloto de avião, você pode estar perguntando: essa tal consciência situacional pode ser aprendida/aprimorada como forma de aumentar minha capacidade de observação, de perceber as situações, de compreender os sinais na minha vida e na organização? Você já faz uso da consciência situacional no seu dia a dia e nem se dá conta.

Quando está dirigindo seu automóvel, vê um pedestre olhando o celular e imagina que ele pode atravessar a rua sem olhar, automaticamente você tira o pé do acelerador e fica mais atento para evitar um possível atropelamento. No entanto, não somos capazes de prestar atenção em tudo que acontece ao nosso redor ao mesmo tempo. Caso alguém estivesse no automóvel falando com você, a partir do momento em que você avistou o pedestre, sua atenção deveria, em tese, se voltar somente para o pedestre; e após o ocorrido, de forma cortês, perguntar: "Sobre o que mesmo você estava falando?".

Observe que no filme, para aqueles que puderem assistir, instantes antes do impacto com a água no rio, o piloto do avião desconsiderou o

---

[79] Se é que se pode falar em *cenário mais ideal* em se tratando de desastres aéreos.
[80] SULLENBERGER, C. **Sully**: o herói do rio Hudson. Rio de Janeiro: Intrínseca, 2016, p. 180.

que o controlador de voo falava e se concentrou tão somente no que de fato era importante naquele momento: pousar o avião. Outra situação:

Você está andando de bicicleta pela estrada e percebe um automóvel distante transitando de forma estranha. Instintivamente você fica alerta, vai para o acostamento ou, dependendo da situação, sai da estrada e espera aquele automóvel passar. Sem se dar conta você fez uso da sua consciência situacional ao:

- <u>Perceber</u> o automóvel transitando de forma estranha;

- <u>Entender</u> que aquele automóvel pode causar um acidente;

- <u>Antecipar</u> uma ação estratégica (sair da estrada), aumentando sua segurança e integridade física antes de um possível acidente.

No avião a consciência situacional é comumente treinada e aprimorada nos chamados simuladores de voo, que são compostos por um sistema de aparelhos e softwares que, por sua vez, buscam fornecer uma imitação operacional da atividade real, ao criar um modelo dinâmico do comportamento da aeronave, que permite ao piloto interagir com a realidade artificial: turbulência, precipitação, nuvem, situações de crise etc.

Há tempos a área da Administração incorporou e adaptou os conceitos da consciência situacional para a gestão empresarial; o que na aviação chamam-se simuladores de voo, na Administração chamamos de *business game* ou jogos de negócios.[81]

De modo geral os jogos de negócios buscam, a exemplo dos simuladores de voo, a seu modo, uma imitação da atividade empresarial ao criar um modelo dinâmico de cenários próximo da realidade. Os jogos de negócios permitem que o aluno interaja com a realidade artificial em situações normais ou de crise, em áreas predefinidas como marketing, vendas, produção, gestão de pessoas, logística, finanças etc.

Uma situação interessante foi constatada ao acompanhar, simultaneamente, via orientação empresarial, quatro empresários que foram aconselhados, após uma análise sobre gestão do tempo, a substituí-

---

[81] As simulações empresariais já são muito comuns no mundo empresarial e acadêmico (inclusive são disciplinas obrigatórias em muitos cursos de Administração, Contabilidade e áreas afins na graduação e pós-graduação).

rem o tempo desperdiçado em redes sociais por um jogo online[82] de empreendedorismo. Dos quatro empresários, apenas um seguiu na íntegra o conselho; dois seguiram parcialmente; e um deles não aderiu.

O empresário que seguiu na íntegra o conselho relatou o seguinte:

> [...] nunca parei pra pensar o quanto de tempo da minha vida eu jogava fora nas redes sociais. O que agrega pra minha vida ficar vendo a vida dos outros, o que comem, o que bebem, aonde vão? Eu não dava conta de quanto tempo eu gastava e só depois que instalei o aplicativo[83] pude perceber o quanto da minha vida estava jogando fora [...] Com relação ao jogo que simula a empresa, no começo achei que seria uma besteira, mas quando comecei a jogar percebi que estava calculando errado o preço de venda dos produtos. Pra mim foi uma experiência muito boa [...].

Uma coisa é você enquanto empreendedor sondar as redes sociais no sentido de detectar o que os concorrentes estão compartilhando, ofertando, a forma como estão se comunicando com o público; isso é imprescindível, tendo em vista que o comércio eletrônico é uma realidade sem volta e que deve ser tratado com muita responsabilidade e sem amadorismo. Outra coisa é perder tempo com frivolidades bisbilhotando a vida das pessoas de forma desenfreada.

Muitas coisas contidas neste livro vão soar estranhas aos seus ouvidos. E como disse Umberto Eco: "nem todas as verdades são para todos os ouvidos"; portanto, lembre-se: o que separa, entre outros aspectos, empreendedores verdadeiros de empreendedores amadores é que os primeiros, ao ouvirem palavras por vezes amargas, tentam extrair ao máximo a essência como forma de crescimento, ao passo que os amadores querem, tão somente, escutar aquilo que lhes convém.

---

[82] Existem na internet vários sites que disponibilizam jogos online totalmente gratuitos, que simulam cenários empresariais para tomada de decisões.

[83] Solicitamos, também, que instalassem em seus smartphones um aplicativo que calcula o tempo gasto em redes sociais, uma semana antes de começarem o jogo.

7

RESILIÊNCIA

Se não houver vento, reme.

(Provérbio latino)

Havia três irmãos que se dedicavam à mendicância. Vagavam de cidade em cidade e dormiam onde a noite os encontrava. Fazia muito tempo que levavam essa vida instável e errante, da qual já estavam cansados.

Certa noite, quando jantavam em torno de uma fogueira, nos arredores de um povoado, um velho homem aproximou-se e pediu licença para sentar-se com eles e compartilhar a refeição. Os três concordaram de bom grado. E o homem, que era de fato muito velho, perguntou-lhes quem eram e em que trabalhavam. Quando soube que eram mendigos e estavam fartos daquela vida, disse-lhes:

— Pois eu estava justamente à procura de pessoas como vocês. Tenho uma propriedade aqui perto. Herdei-a de meu pai, que, antes de morrer, contou-me que lá existe um tesouro. Passei minha juventude viajando muito e me divertindo ainda mais. Agora, ainda que quisesse, não poderia me dedicar à busca desse tesouro, pois estou muito velho e já não tenho forças nem vigor suficientes para procurá-lo. Não tenho filhos, nem parentes próximos. Morrerei em breve. E o tesouro jamais será encontrado. Vocês, que são jovens e têm tempo disponível, podem aproveitar essa oportunidade, se quiserem: eu lhes darei minha propriedade e vocês, em contrapartida, começarão a busca imediatamente.

Loucos de alegria, os três irmãos não relutaram em aceitar o presente daquele velho homem. E prometeram que explorariam todo o solo, sem descanso, até encontrarem o tesouro.

Pela manhã, o velho levou-os até sua propriedade, desejou-lhes sorte e se foi. Os três começaram a cavar a terra, com imenso entusiasmo. Tratava-se de uma vasta propriedade, com uma grande extensão de terra ressecada e dura. Ervas daninhas e cardos espalhavam-se por toda parte. A tarefa, que certamente seria difícil para um lavrador experiente, parecia ainda mais árdua para os três irmãos, que nunca haviam trabalhado. Antes de começar a cavar, tiveram de queimar as ervas daninhas e arrancar os tocos secos. Esse trabalho durou um mês.

No fim do segundo mês, os irmãos tinham conseguido cavar apenas um décimo de toda a extensão da propriedade. O entusiasmo do irmão mais velho começou a arrefecer à medida que o tempo passava. Sentia dores musculares, as mãos e os pés estavam esfolados. E, assim, o tesouro começava a lhe parecer um sonho impossível. Certo dia, jogando a enxada longe, disse aos outros dois:

— Vou-me embora daqui! Não há tesouro no mundo que me faça acordar ao amanhecer para dedicar-me a um trabalho ingrato por uma recompensa que ainda nem sabemos se realmente existe. Adeus, meus irmãos! Neste momento, renuncio ao tesouro que vocês talvez encontrem algum dia. Embora eu duvide muito disso. — E partiu, enquanto os outros dois continuavam cavando.

Passaram-se o verão e o outono. Àquela altura, dois terços da propriedade já estavam limpos. Foi então que o segundo irmão disse ao caçula:

— Acho que aquele velho nos enganou. Já cavamos quase toda a extensão dessa propriedade. E nada de tesouro! Agora, o inverno está chegando. E o inverno nesta região é muito rigoroso, tanto que chega a nevar. Estou pensando em ir para um país mais quente, onde tentarei esquecer esse assunto. Você me acompanha?

— Não, meu irmão — respondeu o caçula. — Não quero renunciar justamente agora que falta tão pouco para terminar a busca. Além do mais, acreditei e continuo acreditando nas palavras daquele ancião. Portanto, ficarei por aqui.

E, assim, o caçula continuou na propriedade, sozinho, trabalhando desde a manhã até a noite. Veio o inverno, com suas nevascas, e depois a primavera, com suas chuvas. O caçula continuou trabalhando ao longo de todo esse tempo. Assim, seu corpo se fortaleceu, graças aos exercícios e à vida ao ar livre.

AS BOLAS CORTADAS DO GATO: REFLETINDO AS ORGANIZAÇÕES

Quando por fim terminou de cavar toda aquela extensão de terra, já era maio. E o jovem havia se esquecido do objetivo inicial de seu trabalho. Mas os ventos de março tinham trazido para o campo milhares de sementes que germinaram com as chuvas de abril naquela terra fértil arduamente lavrada e preparada ao longo de um ano inteiro. Uma terra que, no devido tempo, proporcionou ao jovem uma abundante colheita.

O irmão caçula havia encontrado, por fim, o tesouro que o campo guardava. Um tesouro inesgotável que, devidamente cuidado, sustentou o jovem lavrador por toda a vida.[84]

Podemos afirmar que o irmão caçula foi resiliente?

Para tentar responder vamos começar recorrendo à origem etimológica da expressão "resiliência", que, do latim *resilio*, *resilire*, derivada de *re* (que indica retrocesso) e *salio* (pular, saltar), significa saltar para trás, voltar saltando.

Na psicologia existem diferentes abordagens a respeito da resiliência. Algumas consideram a resiliência a partir de fundamentos de adaptação ou adequação social. Outras onde os sujeitos que se abalam, se recuperam e se modificam. E existem ainda abordagens que consideram os sujeitos que, mesmo passando por momentos de extrema tensão emocional, não se abalam.[85,86]

No caso brasileiro é unânime a ideia de resiliência estar associada à física, apesar dessa disciplina considerar basicamente a ideia do retorno; daí as várias imagens vinculadas à resiliência para tentar conceituá-la: uma vara de bambu que, sofrendo a ação do vento, enverga e retorna ao estado inicial; um elástico esticado que, cessando a pressão, também retorna ao estado inicial.

---

[84] Antigo conto indiano.

[85] Os estudos sobre a resiliência, basicamente, são apresentados em três correntes: norte-americana ou anglo-saxônica, europeia e latino-americana. A corrente norte-americana é a mais pragmática e mais centrada no indivíduo, frequentemente com enfoque behaviorista ou ecológico transacional. A corrente europeia tem uma perspectiva ética, mais relativista, com abordagem comumente psicanalítica, adotando a visão do sujeito como fundamental para a avaliação da resiliência. A corrente latino-americana, por sua vez, é mais comunitária, focalizando o social como resposta aos problemas do sujeito em meio aos infortúnios (PINHEIRO, D. P. N. A Resiliência em discussão. **Psicologia em Estudo**, Maringá, v. 9, n. 1, p. 67–75, 2004).

[86] Existe um debate dentro da própria psicologia a respeito de qual termo seria mais adequado, se seria resiliência ou elasticidade, devido, em partes, às imagens comumente utilizadas para conceituar (vara de bambu, elástico, metal etc.) por causa da apropriação do conceito ter se dado a partir de um modelo matemático.

Mas, afinal, qual é a ideia de resiliência em termos humanos? Que existe algo para além do simples retorno ao estado inicial, ou seja, o crescimento e o aprendizado.[87]

Em termos gerais a resiliência seria a capacidade do ser humano não somente de resistir a uma situação estressante, mas, e principalmente, de aprender com aquela situação vivenciada, tornando-se melhor.

Voltando à pergunta: podemos afirmar que o irmão caçula foi resiliente?

A resposta, por mais óbvia que possa parecer, é: não necessariamente.

O que o irmão caçula fez, na verdade, foi ser rígido[88] e não se desviar do objetivo, ou seja, escavar o terreno para encontrar o tesouro. Suas ações, a partir dessa experiência, é que vão determinar se de fato a experiência serviu para ensinar-lhe alguma coisa; se ele será, a partir de agora, um ser humano melhor.[89]

É possível ao menos dizer que o irmão caçula foi persistente? Depende.

Como veremos no capítulo 13, existe uma linha tênue que separa a persistência da insistência, e em relação a isso o senso de existência (razão de existir) tem muito a revelar.

Caso a meta de vida do irmão caçula fosse ficar rico, ele perdeu seu tempo cavando a terra de forma insistente, pois ao final nada encontrou. Mas se fazia parte do seu ideal de vida, por exemplo, encontrar um lugar agradável para constituir uma família, seu tempo despendido cavando a terra de forma persistente foi recompensado.

E quanto aos irmãos que desistiram, podemos dizer que são fracos? Jamais poderíamos afirmar isso, pois não sabemos ao certo qual é o senso de existência (razão de existir) de cada um. Talvez durante a escavação um dos irmãos, por exemplo, tenha entendido que encontrar um tesouro e ser rico não fazia parte do seu ideal de vida e, portanto,

---

[87] Por isso o debate dentro da própria psicologia do cuidado de se utilizar certas imagens. O bambu, após pressão do vento, retorna ao estado inicial sem qualquer transformação. O bambu continua sendo o que é, o que era, antes da ação do vento.

[88] Assim como a maioria dos metais que suportam altas cargas de pressão até seu limite, e que se ultrapassado se rompem.

[89] Pois para ser resiliente não basta aguentar a pressão, é preciso haver o aprendizado, o crescimento.

abandonou a empreitada; recuar não é sinônimo de fraqueza, pois se assim o fosse o termo resiliência (saltar para trás, voltar saltando) jamais poderia ser utilizado. A compreensão do senso de existência (razão de existir) é condição necessária para um perfeito alinhamento do senso de direção (visão). Se compreendo quem sou e por que estou onde estou, saberei aonde quero chegar e qual direção seguir.

Portanto, o que pode parecer fraqueza, à primeira vista, na verdade é apenas um pré-julgamento de algo que desconhecemos, carregado de um preconceito.

Na contramão da resiliência temos a vitimização, que é o processo que torna algo ou alguém vítima, que leva alguém a se vitimar ou a se tornar vítima.

Lembro de um empreendedor atendido em uma orientação que afirmava sistematicamente que todos os problemas de sua loja eram, nas palavras dele, "[…] tudo culpa do governo […]". Passado um tempo, fiz uma visita-surpresa na loja e o que foi constatado não tinha qualquer relação com "o governo": mau atendimento dos vendedores, vitrine desorganizada, iluminação precária etc.

Em outra orientação uma empreendedora dizia-se perseguida por todos e que a última pessoa que ela pensava que poderia traí-la, que seria sua filha, nas suas palavras, "[…] estava apunhalando-a pelas costas […]". Acontece que a empreendedora queria que a filha aprendesse a comandar o restaurante da família. No entanto, sua filha não queria administrar a empresa, mas sim fazer um curso superior e seguir carreira como fisioterapeuta.

Nem sempre "o governo" conduz a economia como desejado. Da mesma forma, os filhos tomam decisões que desagradam os pais. Nos dois casos existia certa dose de egocentrismo e vitimização: a economia deve atender aos meus interesses; eu decido o futuro dos filhos; eu sou perseguido, desvalorizado e mal compreendido.

Você já ouvir falar na Esclerose Lateral Amiotrófica (ELA)?

É uma enfermidade provocada pela degeneração progressiva no primeiro neurônio motor superior no cérebro e no segundo neurônio motor inferior na medula espinhal. Esses neurônios são células nervosas especializadas que, ao perderem a capacidade de transmitir os impulsos nervosos, dão origem à doença. A ELA é neurodegenerativa paralisante rara, com média de dois novos casos a cada 100 mil pessoas por ano, mais frequentemente em pessoas com idades entre 55 e 65 anos.[90]

Um dos casos mais famosos de Esclerose Lateral Amiotrófica (ELA) que podemos considerar como um exemplo de resiliência é o do físico britânico Stephen Hawking (1942–2018).

Considerado um dos mais renomados cientistas de todos os tempos desde Albert Einstein, reconhecido por sua contribuição à ciência, Hawking aos 21 anos foi diagnosticado com ELA e seus médicos deram-lhe apenas dois anos de vida.

Contrariando os prognósticos, Stephen Hawking viveu por várias décadas em uma cadeira de rodas com o auxílio de um respirador artificial e faleceu aos 76 anos.

Durante os 55 anos convivendo com a enfermidade[91], contribuiu para o progresso das teorias que explicam o Universo e, ao mesmo tempo, para popularizar a ciência com linguagem simples ao explicar assuntos complexos como buracos negros e viagens no tempo, como na publicação do livro *Uma breve história do tempo*.[92] Em outra obra, *Breves respostas para grandes questões*,[93] o físico ressalta:

> O problema é que a maioria das pessoas acredita que ciência de verdade é difícil e complicada demais. Não concordo com isso. Pesquisar sobre as leis fundamentais que governam o universo exigiria uma disponibilidade de tempo que a maioria não tem; o mundo acabaria parando se todos tentassem estudar física teórica. Mas a maioria pode compreender e apreciar as ideias básicas, se forem apresentadas de maneira clara e sem equações, algo que acredito ser possível e que sempre gostei de fazer.[94]

Como disse Rubem Alves, "mais importante que saber é saber onde encontrar"[95]. E isso vale tanto para astronomia como para os

---

[90] ABRELA. ASSOCIAÇÃO BRASILEIRA DE ESCLEROSE LATERAL AMIOTRÓFICA. Esclerose Lateral Amiotrófica - Atualização 2013. Disponível em: https://www.abrela.org.br/wp-content/uploads/2018/05/AbrELA_LIVRETO_web.pdf. Acesso em: 14 jan. 2021.

[91] Ele era capaz, nos últimos anos, de controlar apenas o músculo da bochecha; e por anos usou um sintetizador de voz para se comunicar.

[92] HAWKING, S. **Uma breve história do tempo**. Rio de Janeiro: Intrínseca, 2015.

[93] Publicado após sua morte, cujo conteúdo foi extraído de seu arquivo pessoal.

[94] HAWKING, S. **Breves respostas para grandes questões**. Rio de Janeiro: Intrínseca: 2018, p. 28.

[95] ALVES, R. **Entre a ciência e a sapiência**: o dilema da educação. 23. ed. São Paulo: Edições Loyola, 2015, p. 9.

negócios, ou seja, pesquisar e ler o texto de bons autores, daqueles que, por meio de uma linguagem simples, conseguem ir além de nos fazer compreender conceitos complexos, mas acima de tudo nos levam a formular outras questões ainda não consideradas.

O jovem Hawking, na época com 21 anos, poderia ter usado o diagnóstico como um pretexto para se vitimizar, encerrar seus estudos e aproveitar o resto de vida; e de fato aproveitou; não se importando se eram seis meses ou um ano de vida que ainda tinha, continuou fazendo aquilo que mais amava: estudar o universo. Para o jovem Hawking estava claro qual era o seu senso de existência (razão de existir); quem ele era, e por que estava onde estava. Nessa perfeita compreensão de si mesmo, o jovem físico sabia exatamente aonde queria chegar e qual direção deveria seguir. E seguiu... E fez a diferença no mundo...

Mas, afinal, qual é a ideia de resiliência em termos organizacionais?

A resiliência é um fator indispensável para enfrentar, ultrapassar e sair fortalecido de momentos de pressão e estresse que são comuns à atividade empreendedora.

É fácil ser resiliente?

A pergunta deveria ser outra: é possível não o ser?

8

PRESENÇA

A expressão "presença" vem do latim *praesentia*, de *preesse*, que significa estar à frente, estar ao alcance.

Quando pego o livro de controle de frequência, e ao chamar cada aluno pelo nome, o faço para aferir suas presenças, e isso é muito fácil em termos quantitativos: se tenho 20 nomes na lista e 15 respondem, logo 15 estão presentes. No entanto, em termos qualitativos, aferir a presença dos alunos não é algo tão simples assim. Quem é professor ou já teve experiência como docente vai saber do que estou falando.

Um aluno calado e que olha fixamente para o professor, por exemplo, não necessariamente está presente em termos qualitativos: é o chamado "aluno de corpo presente", cujo espírito pode estar a milhares de quilômetros de distância. Nesse caso, o estar à frente é estar "muito" à frente.

Amyr Klink[96] é um navegador, explorador e escritor brasileiro que realizou grandes expedições marítimas e que atravessou o Atlântico Sul a remo em 1984; arrisco dizer que, para além de suas inúmeras conquistas como empreendedor, tem algo que o distingue ainda

---

[96] Nasce Amyr Khan Klink em 25 de setembro de 1955, na cidade de São Paulo. É o primogênito dos quatro filhos de Jamil Klink e Asa Frieberg Klink. Aos 10 anos, em Paraty, compra sua primeira canoa, Max — foi o início de uma coleção que ultrapassaria 30 embarcações. Em 1983, termina a construção do seu primeiro barco: o I.A.T., com o qual, no ano seguinte, faria a primeira travessia solitária a remo do Atlântico Sul. Em 1986 realiza a primeira de suas 15 viagens à Antártica. Na volta, começa a construção do Paratii. Com esse barco, em 1989, estreia como velejador em uma viagem solitária que duraria 642 dias, passando sete meses e meio imóvel em uma invernagem antártica. Navega, ao todo, por 27 mil milhas — viagem descrita em *Paratii, entre dois pólos*. O ano de 1994 marca o início da construção do veleiro Paratii 2. No ano de 1996 casa-se com Marina Bandeira. Em 1997 nascem as gêmeas Tamara e Laura. No ano seguinte, Amyr parte para mais uma viagem em solitário. A bordo do Paratii, inicia o Projeto Antártica 360 Graus, em que faz a circunavegação polar pela rota mais difícil. São 88 dias, 14 mil milhas e mais um livro, *Mar sem fim*. Em 2000, nasce sua filha caçula, Marina Helena. No ano seguinte, após sete anos, Amyr conclui o Paratii 2, o mais moderno veleiro já construído no Brasil. Entre dezembro de 2003 e fevereiro de 2004, Amyr refaz a circunavegação polar, dessa vez com cinco homens na tripulação. A viagem dura 76 dias sem escalas, por 13,3 mil milhas. Em 2006 lança seu mais recente livro, *Linha d'água: entre estaleiros e homens do mar*. Fonte: http://www.amyrklink.com.br/pt/biografia/.

mais e o distancia de outros grandes realizadores: a capacidade de ser um pai presente. No documentário chamado *Mar sem fim*, que leva o mesmo nome de um de seus livros, o depoimento de sua esposa é no mínimo reflexivo: "[...] quando ele está em casa, ele recompensa todo tempo que ele esteve fora, principalmente com as meninas. Ele é um pai muito mais <u>presente</u> do que muito pai que está em casa o dia inteiro [...]". O depoimento carregado de verdade lembra a linda frase de Vinicius de Moraes: "Amar é querer estar perto, se longe; e mais perto, se perto".

Se fazer presente em termos qualitativos é estar no limiar da razão. Compreender a conexão daquilo que se vê, mas não se sente; e daquilo que se sente, mas não se vê.

Desde que compramos nossa casa em Paranaguá, região litorânea do estado do Paraná, tive a sorte, mediante a indicação feita em uma loja de materiais de construção, de conhecer o Mário, um senhor que presta excelentes serviços de instalação elétrica residencial. Quem já precisou fazer reparos em casa sabe o quanto é difícil encontrar bons profissionais e, principalmente, de confiança.

Quando precisei de um encanador, para quem solicitei a indicação? Para o Mário, é claro, que por sua vez me indicou o senhor Aristo, que no auge dos seus 60 e poucos anos (creio eu), realiza reparos de encanamento com qualidade e preço justo. Perguntei certa vez para o senhor Aristo por que ainda trabalhava e ele me respondeu que, apesar de aposentado, continuava em atividade porque gostava do que fazia. Mas o que isso tem a ver com as organizações?

Por mais que as empresas se esforcem em treinar seus funcionários para atender bem os clientes, é certo que um funcionário sempre se sobressai aos demais. A mesma loja de materiais de construção que me indicou o Mário, que por sua vez me indicou o Aristo, é a loja onde trabalha o funcionário Marco[97], que sempre me atende pelo nome. Certa vez perguntei ao Marco como ele conseguia lembrar o nome dos clientes e ele me deu uma resposta fantástica: "[...] me esforço pra isso [...]".

De fato, se fazer presente em termos qualitativos requer esforço, e às vezes "muito" esforço. Lembra do aluno de corpo presente? "Quem dentre vós estiver sem pecado, seja o primeiro a lhe atirar uma pedra"[98].

---

[97] Nome fictício para preservar a privacidade.
[98] João 8:7.

Quem nunca cochilou durante a homilia do padre ou pastor? Quem nunca deu uma "cochiladinha", mesmo que de leve, durante uma aula?

Para conseguir cursar meu mestrado no ano de 2006 a rotina da semana era intensa. Dava aula na universidade até as vinte e três horas de quarta-feira. Dormia por volta da meia-noite e meia e acordava às três horas da manhã para pegar carona com o ônibus/ambulância do município de Rebouças que levava os doentes em tratamento à capital Curitiba, para chegar às seis horas da manhã na Universidade Tuiuti do Paraná.[99] Nessa época nosso filho tinha alguns meses de idade e, a exemplo de algumas crianças, nosso "anjinho" havia trocado o dia pela noite, ou seja, dormia durante o dia e ficava acordado durante a noite. Para poder dar conta de trabalhar o dia todo, minha esposa precisava dormir e, então, eu passava boa parte das madrugadas acordado. E como diz um velho ditado: "quem não dança balança a criança".[100]

Mas o fato é que certa vez no mestrado o sono veio e não resisti. E, em dado momento, fui acordado com o barulho de uma mão pairando sobre minha mesa. A professora me olhando com uma fisionomia de poucos amigos e me dizendo: "Nunca mais durma na minha aula, menino". E, de fato, nunca mais dormi naquela bendita aula. A professora estava certa e eu, errado. Que proveito teria da aula se cochilasse? Não importava se não havia dormido direito. Lembrando das palavras do Marco do Material de Construção: "[…] me esforço pra isso […]". Ora bolas, era preciso me esforçar. E foi o que fiz. A partir de então, nunca mais cochilei. Me esforcei pra isso.

Se fazer presente em termos qualitativos, seja na vida daqueles que amamos, seja como aluno em sala de aula, seja como profissional para com os clientes, requer: esforço, disciplina, doses de paciência e, acima de tudo, algumas renúncias.

As pequenas organizações conseguem se fazer presentes na vida de seus clientes muito mais que as de médio e grande porte: por meio de um bom atendimento; realizando um pós-venda; chamando o cliente pelo nome (consta o nome no cartão de crédito. Que coisa interessante!); lembrando da data de aniversário do cliente etc.

---

[99] Explicando sobre o ônibus/ambulância: na época não existia (até hoje não existe) um horário de ônibus convencional de Rebouças a Curitiba para chegar até as 9 horas da manhã na capital e, dessa forma, a carona com o ônibus/ambulância era a única alternativa.

[100] Até hoje não sei como sobrevivi a esses dois anos em que cursei meu mestrado, seja pela privação do sono, seja pelas pressões do curso e responsabilidades como pai, marido etc.

Como resido praticamente na região central da cidade, existe uma variedade de lojas próximas de casa. Apesar de poder contar com um hipermercado a apenas duas quadras, prefiro um mercado menor que fica a cinco quadras. Mesmo podendo contar com uma loja de materiais de construção a apenas três quadras, prefiro a loja onde trabalha o funcionário Marco. Embora possa contar com uma panificadora a poucas quadras, prefiro outra um pouco mais longe. E por qual motivo os clientes preferem alguns lugares em detrimento de outros?

Um diálogo qualquer:

Empreendedor: Existem lojas, vamos assim dizer, que marcam presença na vida dos clientes aí na sua cidade?

Eu: Em termos quantitativos sim. Já em termos qualitativos conheço algumas que frequento. Você é comerciante?

Empreendedor: Sou sim.

Eu: Pois então a primeira pergunta que deveria começar a fazer é: eu frequentaria a minha própria empresa?

[silêncio]

Empreendedor: Entendo e agora comecei a ficar preocupado.

[silêncio]

Empreendedor: E me responda mais uma coisa: e prestadores de serviços, vamos assim dizer, que marcam presença na vida dos clientes, tem muitos aí pela sua cidade?

Eu: É como eu disse, em termos quantitativos sim. Já em termos qualitativos conheço poucos. Está precisando de um bom eletricista ou encanador? Eu conheço o Mário e o Aristo. Quer o contato deles?

Empreendedor: Será que atendem em Curitiba?

Eu: Isso eu não sei, mas não custa tentar.

9

FILHA DE UMA BIRONHA

Existe uma história de moscas, de autoria desconhecida, que anda a zumbizar pela internet... E existe a versão que adaptamos.

Duas moscas caíram num copo de leite integral "barriga mole"[101]. A mais nova, de 14 dias, forte e destemida, saiu nadando e, com muito esforço, conseguiu chegar até a borda do copo. Mas, sendo a superfície do copo lisa, e como suas asas estavam encharcadas, não conseguiu sair e ficou parada esperando o pior: afundar e perecer.

A segunda mosca, por sua vez, muitíssimo mais velha, de vinte dias, começou a bater suas perninhas e asas de maneira diferente: como se não quisesse sair do lugar e só agitasse o leite. Após alguns segundos o leite ao seu redor foi engrossando cada vez mais até virar manteiga dura; respirou bastante, alongou suas perninhas, enxugou suas asas, testou as asas, e saiu voando toda faceira para fora do copo, como se estivesse com sua alma de mosca lavada. Ao observar a cena a mosca mais jovem boiou até a manteiga, respirou bastante, alongou suas perninhas, enxugou suas asas, testou as asas e saiu voando para fora do copo. Com o corpo todo dormente, mas viva.

Muitíssimo tempo depois, dois dias, por coincidência as mesmas moscas caíram em uma enorme tigela de leite. A mosca mais velha começou a boiar lentamente em direção à margem onde estava um canudo e fazer sinal com suas anteninhas chamando a outra. A mosca mais nova, por sua vez, não pensou duas vezes e, usando seu incrível poder de memória moscal, começou a bater suas perninhas e asas como se quisesse ficar no mesmo lugar, agitando o leite. Após alguns segundos a mosca mais velha chegou ao canudo, respirou bastante, alongou suas perninhas, enxugou suas asas, testou as asas e saiu voando toda faceira para fora da tigela. De tanto remexer o corpo,

---

[101] *Barriga mole* é um modo popular de chamar o leite pasteurizado refrigerado de saquinho, e que também é encontrado em caixinhas, como é o caso dos leites UHT (longa vida).

as perninhas da mosca mais jovem começaram a enrijecer, suas asas pareciam que pesavam toneladas, sua visão começou a escurecer e seu coraçãozinho parecia sair pela boca. Quase desfalecendo, não entendia o motivo do leite ao seu redor não virar manteiga dura.

Eis que surge voando outra mosca, "uma qualquer", dessas que andam por aí sem rumo; pousou no canudo e começou a dar gargalhadas e agitar suas anteninhas freneticamente.

A jovem mosca, quase desfalecendo de tanta canseira, pensou consigo: "Eu aqui quase morrendo e essa filha de uma bironha rindo e pulando igual uma doida".

Em seu último segundo de vida a pobre mosca, prestes a sucumbir, notou que a mosca risonha apontava suas anteninhas para uma caixa de leite ao lado da tigela onde constava na embalagem: leite UHT (longa vida) desnatado.

10

ENCERRANDO O PAPO SOBRE MOSCAS

Nas organizações, a todo instante, os empreendedores recebem sinais: seja dos colaboradores, clientes, fornecedores ou familiares. É como aquela mosca mais velha que tenta avisar a mais nova. Ou outra mosca qualquer, sabe-se lá de onde veio e independentemente da idade, que também tenta avisar. **É preciso estar atento aos sinais**, aos detalhes. É como disse Fiódor Dostoiévski em sua obra *Crime e castigo*: "As coisas mais insignificantes têm, às vezes, maior importância, e é geralmente por elas que a gente se perde".

Nesta altura do livro já vimos que compreender o que é a organização é uma das questões mais importantes e se refere à razão do existir, comumente conhecida como missão.

Também vimos que as organizações, sejam elas grandes ou pequenas, onde a razão de existir está em sintonia com o que os clientes almejam, possuem aquilo em que dificilmente os concorrentes conseguem interferir, ou seja, os valores inquestionáveis: integridade, honestidade, respeito, responsabilidade e dedicação. E que compreender o que é a organização permite aos empreendedores considerar a razão de existir como algo que irá auxiliar no caminho a ser trilhado.

Da mesma forma pudemos perceber que, tão importante quanto saber quem somos, o saber para onde estamos indo é condição fundamental. É a partir da compreensão de quem somos (missão) que é possível enxergar com maior clareza para onde queremos ir (visão). Para ilustrar melhor nossas análises sobre a importância da visão para o empreendedorismo, fizemos algumas analogias com a visão das moscas a partir de algumas de suas características, como: adaptação, serenidade, observação, resiliência e presença.

Todos os conceitos até agora trabalhados (missão, visão e valores) são importantes. No entanto, um aspecto percebido em consultorias é o quanto os empreendedores deixam de aproveitar tudo aquilo que o Contador pode entregar às empresas em termos de valor intangível por meio de seu conhecimento.

Após as apreciações sobre missão, visão e valores, convido você para juntos adentrarmos o assunto "finanças" e tentarmos desmistificar a figura do Contador, por vezes pouco valorizado por pequenos e médios empreendedores. A essa desvalorização do Contador chamo de "miopia administrativa", a qual, por vezes, revela a própria negação do empreendedor em aceitar as recomendações do Contador, que, não podendo obrigar, apenas orienta... ou pelo menos tenta. Ter um Contador como aliado é, também, e acima de tudo, uma questão de parceria saudável.

(DES)MISTIFICANDO O CONTADOR

Se quer ir rápido, vá sozinho.
Se quer ir longe, vá em grupo.

(Provérbio africano)

O Contador, de modo geral, é o primeiro profissional que o empreendedor de pequenas empresas procura quando da abertura de um novo negócio. De um lado, existe a necessidade de atendimento às exigências legais, tributárias, trabalhistas etc. Por outro, as limitações financeiras de contratar um consultor. Logo, o Contador é o profissional que está desde o início prestando suporte técnico nas áreas financeira, econômica, tributária e patrimonial.

A palavra "desmistificar" pode ser compreendida como "tirar o caráter místico ou misterioso de algo ou de alguém"; e ainda "extrair a máscara de algo ou de alguém que engana ou falseia a aparência". Para os fins a que se propõe nossa conversa faremos algumas discussões no sentido de "desenganar", de "desnudar" a figura por vezes desvirtuada do Contador nas empresas.

Como professor da área de Sociais Aplicadas tive a grata satisfação de lecionar, durante algum tempo, disciplinas de Administração para turmas de Ciências Contábeis e, como tradição, no primeiro dia de aula faço sempre a mesma pergunta: o que o Contador entrega para as empresas?

As respostas variam um pouco, mas no geral giram em torno de algo como: prestação de contas, escrituração fiscal e contábil, registros de transações financeiras, cálculos de impostos, elaboração de demonstrativos financeiros e balancetes, acompanhamento de contas, receitas, despesas, análise de contas patrimoniais etc.

Para demonstrar minha insatisfação com as respostas eu sempre repito a mesma pergunta várias vezes até que os alunos se cansam de

AS BOLAS CORTADAS DO GATO: REFLETINDO AS ORGANIZAÇÕES

responder e se calam; e um silêncio mortal paira na sala de aula. Então aguardo alguns segundos e digo: tudo isso que vocês responderam — prestação de contas, escrituração, registros, demonstrativos — são coisas que o profissional da contabilidade elabora, ou seja, que é próprio do simples ato do fazer operacional. A questão não é o que o Contador "faz", mas sim o que o Contador "entrega" para as empresas em termos de "valor intangível" por meio de seu conhecimento técnico.

Ao fazer uma rápida pesquisa no dicionário veremos que "intangível" é tudo aquilo "que não se consegue tanger, que não pode ser tocado, que é intocável, que não pode ser percebido através do tato". Essa será a resposta dada pela maioria das pessoas ao serem questionadas sobre o significado da palavra.

Encontramos na teledramaturgia brasileira a expressão na frase de Gilberto Braga que diz: "A única coisa invisível, intangível, que não vejo, mas posso sentir e acreditar que existe, é o amor". Na literatura italiana, o uso da expressão "intangível" para designar o futuro é encontrada nas palavras do médico, fisiólogo, antropólogo e escritor de ficção italiano Paolo Mantegazza (1831–1910), que diz que "o futuro é invisível para os olhos e intangível para as mãos, e vê-se apenas através dum vidro, que é verde ou cor-de-rosa, segundo somos pessimistas ou otimistas".

Caso a pergunta seja feita a um Contador, e este queira explicar dentro de sua área técnica, ele dirá, por exemplo, que um bem para ser considerado intangível no Brasil precisa atender a uma série de requisitos estipulados pela norma CPC 04; e para ilustrar melhor, caso a pergunta tenha partido de um leigo, o Contador poderá, no auge de sua bondade, dar alguns exemplos de bens intangíveis, como é o caso das licenças de uso, dos direitos de imagem ou de transmissão ou de uma marca.

Intangível, de modo geral, é tudo aquilo que não se pode tocar. Afinal, o que é o valor intangível?

Conta a história que um homem muito sábio chamado de "Professor" foi procurado por um jovem bastante triste. Ele disse ao Professor que estava muito infeliz. "Todo mundo diz que não tenho valor e que não tenho habilidade nenhuma. O que preciso fazer para me tornar alguém com valor?", perguntou o jovem. O Professor disse que também tinha seu próprio problema e que precisava resolvê-lo antes de ajudar outra pessoa a resolver os dela. O Professor disse: "Se eu resolver meu problema, ficarei feliz em ajudá-lo. Talvez, se você me ajudar, eu poderei ajudá-lo mais rapidamente". A história conta que, após chegarem a um acordo, o Professor tirou um anel que usava no dedo mindinho. Ele o mostrou ao jovem e disse que precisava vendê-lo com urgência. O Professor estava endividado, e esse era o único objeto de valor que possuía. Ele pediu ao jovem que o ajudasse a vender o anel. Também disse que o objetivo era obter o valor mais alto possível por ele. "Não aceite menos que uma moeda de ouro", avisou ao jovem. Depois, apontou para um cavalo no estábulo e lhe disse para pegá-lo e ir o mais rápido possível para o mercado mais próximo. Assim que ele voltasse, o Professor o ajudaria a resolver seu problema.

O jovem partiu rapidamente, na intenção de vender o anel o quanto antes. Ao chegar ao mercado, começou a anunciá-lo. Alguns comerciantes se mostravam interessados, mas quando o jovem lhes dizia o preço, eles começavam a rir ou davam as costas. Finalmente, um homem mais velho disse que ele estava pedindo um preço muito alto por um anel tão pequeno. Ninguém pagaria o que ele estava pedindo. O velho ofereceu uma moeda de prata e um pedaço de cobre pela joia, mas o jovem não aceitou. Ele passou o dia inteiro tentando vender o anel sem sucesso, embora tenha oferecido a mais de cem comerciantes. Decepcionado, montou no cavalo e retornou à oficina do Professor.

O jovem falou para o Professor: "Acho que esse anel vale no máximo algumas moedas de prata. Eu não queria enganar as pessoas sobre seu valor". O Professor ficou feliz e o parabenizou por seu esforço e atitude. No entanto, disse ao jovem que nem sabia ao certo quanto o anel valia. O melhor então seria levá-lo a um especialista para que o avaliasse.

O jovem foi a uma das mais prestigiadas joalherias da cidade. Depois de se apresentar, pediu ao joalheiro que lhe dissesse o quanto estaria disposto a pagar pela joia. O joalheiro examinou o anel com muito cuidado. Então, disse: "Não posso lhe dar mais que 58 moedas de ouro por esse anel". O jovem ficou surpreso e, sem hesitar, rapidamente retornou à oficina do Professor.

Ao chegar, disse entusiasmado ao Professor o que havia acontecido. Então o Professor lhe disse: "Você é como esse anel. Uma joia valiosa e única. Mas lembre-se de que ninguém sabe o verdadeiro valor das coisas à primeira vista. É você quem deve conhecer o seu valor, antes de dar crédito ao que os outros dizem". Com isso, o Professor colocou o anel de volta no dedo mindinho.

Mas, afinal, o que a história do anel tem a ver com o valor intrínseco?

Vamos imaginar que tudo aquilo que os alunos respondiam quando perguntava a eles "o que o Contador entrega para as empresas", ou seja, prestação de contas, escrituração, registros, demonstrativos, sejam pedras preciosas; pois são elementos extremamente necessários na condução dos negócios e que ajudam na tomada de decisões. E por falar em pedras preciosas, a primeira pergunta que lanço é a seguinte:

Será que todas as pessoas sabem diferenciar diamante, esmeralda, água-marinha, rubi, safira, turmalina, pérola, âmbar, entre outras? Bem provável que uma parcela pequena saiba a diferença.

A segunda pergunta: Será que todas as pessoas sabem diferenciar as pedras preciosas de suas imitações? Acredito que poucos saberão a diferença.

Um dos aspectos que mais chamam a atenção nas orientações empresariais é a falta de controles financeiros nas empresas. Basicamente, a preocupação é tão somente pagar as despesas da empresa e as despesas pessoais de forma totalmente empírica e desorganizada. E qual é a imagem que a maioria dessas empresas tem do Contador? Usando as palavras de um dos assistidos nas orientações, o Contador é "[...] o cara que manda as guias pra pagar imposto [...]".

O empreendedor com uma ideia tão banal como essa é como aquele jovem triste da história que, ao tentar vender o anel, não sabe do real valor nem dele próprio e muito menos da joia em seu poder. Note que na história consta que "ele passou o dia inteiro tentando vender o anel sem sucesso, embora tenha oferecido a mais de cem comerciantes". A questão é que ninguém, nem o jovem triste e nem os mais de cem comerciantes, sabia o valor daquela joia, assim como a maioria dos empreendedores de empresas não sabe o valor da Contabilidade.

Será a arte imitando a vida ou a vida imitando a arte? Pouco importa.

A parte tangível, ou seja, aquela que é palpável e que está materializada nas prestações de contas, escrituração, registros e demonstrações é de suma importância para as empresas; desde que o empreendedor entenda o que é e para que serve. No entanto, entender o que é e para que serve não é suficiente. Será necessário o acompanhamento de um profissional com conhecimento técnico e experiência, para ajudar a tomar as decisões mais acertadas no início do negócio.

Voltando à história do anel, eis algumas informações interessantes:

- chamar tudo de pedra é equivocado;

- todos têm clara noção do que é uma pedra; no entanto, o mesmo não ocorre com mineral e rocha;

- muitos geólogos, que são também gemólogos (especialistas em gemas), ouvem e empregam com muita frequência "pedra" apenas, no significado restrito de pedra preciosa;

- as rochas monominerálicas (calcários, quartzitos, arenitos, turmalinitos etc.) são formadas por um único mineral;

- o lápis-lazúli, uma pedra preciosa bem conhecida, é rocha, não mineral, o mesmo acontecendo com a obsidiana;

- mineral é um sólido natural, inorgânico, homogêneo, de composição química definida, com estrutura cristalina;

- rocha é um agregado natural de minerais (geralmente dois ou mais), em proporções definidas e que ocorre em uma extensão considerável;

- as belas formas geométricas dos cristais caracterizam os minerais, não as rochas. Elas costumam mostrar-se maciças ou em camadas;

- as rochas não costumam ser brilhantes, os minerais sim. Brilho metálico ou semelhante ao de vidro são típicos de minerais. As exceções existem, mas é válida a generalização;

- se o material é uma massa com grãos de duas ou mais cores, deve ser uma rocha (ex.: granito). Em algumas delas, a cor distribui-se não em grãos, mas em faixas e/ou áreas irregulares (gnaisses e alguns mármores, por exemplo). Excluindo-se as rochas ornamentais (sobretudo os mármores e granitos), as demais não costumam ter cores atraentes;

- as rochas são opacas; transparência se vê em minerais, mas não em todos;

- os minerais metálicos costumam ser bem mais densos que as rochas;

- se o material forma massas grandes, de vários metros cúbicos, provavelmente é uma rocha. O material que forma um morro é rocha, não mineral. Os grãos de areia são fragmentos de minerais, não de rocha;

- o material que se usa para calçar ruas ou passeios, para revestir paredes e pisos, para fazer concreto, muro, alicerce etc., é rocha, não mineral. O material que se usa para fazer joias é mineral, não rocha. As afirmações são relativas e admitem várias exceções;

- os nomes de rochas costumam ter a terminação "ito" (granito, arenito, siltito, argilito, andesito, riolito, quartzito etc.), mas há muitas exceções (mármore, basalto, xisto, folhelho, conglomerado etc.). Os nomes citados são todos masculinos, mas há algumas poucas exceções, como ardósia;

- os nomes de minerais costumam ter a terminação "ita" ou "lita" (pirita, calcita, cassiterita, crisólita, marcassita, fluorita, sodalita, calcopirita, hematita, malaquita, alexandrita etc.), mas muitos dos nomes mais antigos fogem à regra: galena, opala, granada, esmeralda, ágata, safira, turmalina etc. Ao contrário dos nomes de rochas, os de minerais costumam ser femininos, mas também aqui há, entre os mais antigos, muitas exceções: topázio, quartzo, diamante, feldspato, rubi, ônix, jaspe, talco, olho de tigre etc.[102]

---

[102] Fonte: Serviço Geológico do Brasil — CPRM.

Nesta altura você pode perguntar: Por que diabos todas essas informações sobre pedras? Se é mineral ou rocha, se termina com "ito" ou termina com "ita"? O que isso importa?

Caso você compre um terreno e se depare, por exemplo, com vários tipos de "pedras" (termo leigo), de vários formatos e, aparentemente, de diferentes composições, é óbvio que você não precisa necessariamente se matricular em um curso de Geologia e passar quatro anos estudando para descobrir quais rochas ou minerais estão em seu terreno. É infinitamente mais rápido e racional pedir para um Geólogo já formado inspecionar o terreno e tirar as conclusões. Da mesma forma ocorre com os empreendedores de empresas.

Para iniciar seus negócios, os empreendedores não precisam se matricular em um curso de Ciências Contábeis e estudar por quatro anos: os conceitos, princípios, classificação e nomenclaturas da Contabilidade de Custos; as metas da Contabilidade Gerencial; escrituração contábil e fiscal. É infinitamente mais rápido e racional, sem contar a questão legal, contratar um Contador já formado e contar com sua experiência e conhecimento.

Os empreendedores deveriam, em tese, ao menos ter as noções básicas e saber: operar o fluxo de caixa; fazer o mapeamento e classificação dos custos e receitas; o plano de contas; projeção de caixa e capital de giro. Alguém poderia querer acrescentar ainda a DRE (Demonstração do Resultado do Exercício) e o Balanço Patrimonial; mas vamos com calma, pois a realidade é um bocado diferente.

Uma pesquisa realizada em 2018 pela Serasa Experian e publicada em 2019 revelou que quase metade dos microempreendedores (45%) afirmaram sentir dificuldades para controlar a gestão financeira e 5% admitiram que não fazem nenhum tipo de controle. O aspecto mais interessante no estudo é que dos 50% que disseram não ter dificuldades na gestão financeira, 9 em cada 10 entrevistados definiram como meta de ano novo cuidar melhor das finanças da empresa, revelando uma mistura de contradição e desejo de melhorar o que não estava tão bem.[103]

---

[103] Disponível em: https://www.serasaexperian.com.br/sala-de-imprensa/serasa-empreendedor/45-dos--microempreendedores-sentem-dificuldades-em-controlar-a-saude-financeira-dos-negocios-revela-pesquisa-da-serasa/. Acesso em: 4 jun. 2022.

AS BOLAS CORTADAS DO GATO: REFLETINDO AS ORGANIZAÇÕES

Para ilustrar melhor nossa análise, segue o registro de uma orientação empresarial realizada em um dos projetos de extensão da universidade:

Atendemos o senhor Manoel[104], acompanhado de sua esposa, os quais já haviam realizado a capacitação. Questionado sobre a contribuição da capacitação, o senhor Manoel relatou: "o curso e a consultoria fizeram eu e a patroa parar de brigar". A fala do senhor Manoel gerou um momento de descontração e muitas risadas, pois sua esposa confirmou o que o senhor Manoel havia dito. Questionado sobre o que exatamente significava quando disse que o curso e consultoria fizeram ele e a patroa pararem de brigar, o senhor Manoel explicou que antes da capacitação sua maior preocupação era apenas conseguir um maior número de clientes para a empresa, não se importando em controlar as finanças. Disse ainda que quando o dinheiro entrava no caixa, as faturas da empresa eram pagas, assim como as despesas da casa. Relatou ainda que era comum pagar juros e multas de faturas pagas em atraso. O senhor Manoel disse que toda essa situação gerava muitas brigas entre ele e sua esposa. A esposa do senhor Manoel disse que ela sempre avisou para controlar melhor as finanças, mas que ele nunca escutava, fato esse confirmado pelo senhor Manoel. Questionado sobre o que mudou depois da capacitação, o senhor Manoel relatou o seguinte: "depois da capacitação a coisa melhorou da água pro vinho. Estamos controlando melhor tudo. Antes era tudo misturado, dinheiro da empresa com dinheiro de casa. Agora já tem o **pró**-labore, que era uma coisa que o Contador tinha falado e que nunca dei muita bola. Sabe como é, né? Se tivesse implantado há mais tempo, teria evitado muita briga com a patroa". Mais uma vez houve um momento de descontração e risadas. Em seguida foi marcada uma nova consultoria [...].

Um dos aspectos interessantes da empresa assistida é que ela tinha uma carteira de clientes muito boa e com um faturamento considerável para seu porte. No entanto, o descontrole financeiro era tal que poderia levá-la à falência em curto espaço de tempo. Um detalhe chama a atenção: "[...] agora já tem implantado o pró-labore, que era

---

[104] Nome fictício para preservar a identidade do assistido.

73

uma coisa que o Contador tinha falado e que nunca dei muita bola [...]". Na época não foram feitos outros questionamentos no intuito de se saber qual era a imagem que o empreendedor fazia do Contador. No entanto, a expressão "nunca dei muita bola" revela certa desconsideração com relação ao Contador.

Voltando à história do jovem triste. O pró-labore era como uma das pedras preciosas que haviam sido apresentadas pelo Contador, cujo real valor o empreendedor desconhecia; e como consequência, o empreendedor pagou um preço alto: descontrole financeiro e "brigas com a patroa".

Outro registro de consultoria faz alusão à importância do fluxo de caixa.

> [...] Iniciamos as orientações na parte da tarde com o senhor Douglas[105], que está terminando a capacitação. Segundo ele, "o módulo de finanças está sendo o melhor de todos. [...] Eu não sabia calcular direito o custo dos produtos. Calculava mais ou menos e jogava a porcentagem do lucro em cima. Agora sei exatamente o custo e quanto ganho. Também me ajudou bastante o fluxo de caixa. Meu Contador me recomendou usar já no início o tal do fluxo de caixa, mas nunca usei. A gente vai levando, não escuta e daí acaba perdendo dinheiro. Eu trabalhava bastante, mas parece que não via o dinheiro. Agora sei o quanto estou ganhando, quanto posso gastar e onde posso gastar".

Um detalhe chama a atenção: "[...] meu Contador me recomendou usar já no início o tal do fluxo de caixa, mas nunca usei [...]". O relato também demonstra a desconsideração do empreendedor com relação à orientação do Contador. Apesar da linguagem do empreendedor não ser a mais adequada, "onde posso gastar" ao invés de "onde posso investir", o simples fato dele já usar o fluxo de caixa revela o quanto evoluiu em termos de organização nas finanças após a capacitação. Mas, afinal, o que leva tantos empreendedores a desconsiderarem as orientações de seus Contadores?

Uma pesquisa[106] publicada em 2016 pelo Sebrae, que teve como objetivo "identificar como as MPE se relacionam com as empresas

---

[105] Nome fictício para preservar a identidade do assistido.
[106] "Relação das MPE com os contadores", março de 2016.

AS BOLAS CORTADAS DO GATO: REFLETINDO AS ORGANIZAÇÕES

prestadoras de serviço de contabilidade", e que contou com a participação de 6.054 empresas, revelou dados importantes para aprofundar nossa discussão.

Com relação ao serviço de contabilidade utilizado, a grande maioria dos entrevistados (97%) respondeu que utiliza os serviços básicos (balancete, folha de pagamento, obrigações trabalhistas e tributárias); e pouco mais da metade (54%) respondeu planejamento tributário. Serviços como diagnósticos (29%), recomendações de melhoria no negócio (25%), apoio na gestão financeira (23%), entre outros, ficaram muito abaixo do ideal.

O fato da grande maioria (97%) responder que utiliza apenas os serviços básicos nos faz entender melhor a frase daquele empreendedor que disse que o Contador é "o cara que manda as guias pra pagar imposto".

Importante destacar que os serviços básicos são essenciais. Já os demais, vamos chamar aqui de "serviços avançados", como diagnósticos, recomendações e apoio (que fazem a diferença para as empresas), podem ser viabilizados pelo "Contador Consultor". No entanto, por vezes, o empreendedor desconhece a existência desses serviços avançados e o papel que o Contador poderá desempenhar como consultor.

Quando questionados sobre "quais os serviços são adequados, pertinentes e poderiam ser ofertados pelos escritórios de contabilidade", os mais citados na referida pesquisa foram: planejamento tributário (84%); recomendações para melhorar o negócio (79%); relatórios de desempenho e diagnósticos (77%); apoio na gestão financeira (73%); apoio para acessar linhas de crédito (70%).

Quando uma parcela considerável dos empreendedores (84%) responde que o planejamento tributário é um serviço que poderia ser ofertado pelos escritórios de contabilidade, nos causa certa dúvida se de fato os empreendedores conhecem todas as vantagens do planejamento tributário: reduz os custos do empreendimento; evita ocorrência de autuações; aumenta a competitividade; permite a realização de um orçamento anual eficaz; permite a escolha de um regime tributário adequado; possibilita a elaboração de um calendário tributário adequado às necessidades da empresa; modifica a forma de realizar operações para gerar economia; gera o aproveitamento de incentivos fiscais; define de maneira mais precisa a atividade econômica realizada na empresa; oportuniza a simulação e análise de cenários, entre outras vantagens.

Quando grande parte dos empreendedores (79%) responde ser pertinente receber recomendações do Contador para melhorar o negócio e, no entanto, na prática, uma pequena parcela (25%) usa os serviços, nos faz refletir sobre algumas questões:

Serviços como "recomendações para melhorar o negócio" são ofertados pelo Contador? Quando ofertados, fazem parte do "pacote básico", ou são ofertados como parte de um "pacote avançado"? O escritório tem mensurado em termos estatísticos (das empresas que recebem os serviços de "recomendações para melhorar o negócio") o grau de crescimento dessas empresas em comparação com as que não se servem desses serviços? Esses dados estatísticos são utilizados para motivar outras empresas para se servirem dos serviços de "recomendações para melhorar o negócio"?

São muitas questões, não é mesmo? Mas vamos tentar esmiuçá-las, pois talvez estejamos diante de uma primeira tentativa prática de ir "desmistificando o contador".

Uma segunda pesquisa[107] publicada em 2016 pelo Sebrae, e que contou com a participação de 5.609 empresas, revelou informações intrigantes.

Quando a pergunta relacionada às "recomendações para melhorar o negócio" foi direcionada aos Contadores, ou seja, "dos serviços [...] quais o seu escritório presta para as micro e pequenas empresas atendidas?", a grande maioria (85%) respondeu que presta tais serviços. Curiosamente, quando a pergunta foi direcionada para os empreendedores, ou seja, "dos serviços [...] quais o escritório de contabilidade/contador externo presta para a sua empresa?", uma parcela pequena (25%) respondeu que o escritório de contabilidade/contador presta para a empresa "recomendações para melhorar o negócio".

Diante de tal paradoxo, lançamos a seguinte hipótese: problemas de comunicação pairam na atmosfera que envolve a relação de empreendedores com seus Contadores.

---

[107] Disponível em: http://www.bibliotecas.sebrae.com.br/chronus/ARQUIVOS_CHRONUS/bds/bds.nsf/568363615806fbcdabce04e150f8fa83/$File/7477.pdf. Acesso em: 10 jul. 2022.

Nossa desconfiança de que algo está errado na comunicação só aumenta quando nos deparamos com as diferenças de percepção com relação aos serviços prestados, conforme consta na mesma pesquisa: solucionar dívidas (79% visão do Contador e 29% do empreendedor); implementação de sistemas informatizados (70% visão do Contador e 30% do empreendedor); apoio para acessar linhas de crédito (68% visão do Contador e 21% do empreendedor); apoio para participar de licitações/exportações (67% visão do Contador e 18% do empreendedor); apoio na gestão financeira (64% visão do Contador e 23% do empreendedor); relatório de desempenho e diagnóstico (59% visão do Contador e 29% do empreendedor); elaboração de plano de negócio (33% visão do Contador e 15% do empreendedor).

Podemos argumentar que os Contadores oferecem outros serviços além do "básico" para os empreendedores, e que estes "se fazem de desentendidos"? Ou que a lamúria dos empreendedores é certa, pois os Contadores só oferecem serviços básicos, e que os outros serviços não são divulgados? Ou ainda que os serviços avançados, e por isso mais onerosos, são ignorados pelos empreendedores para não pagarem a mais? Lembrando de um provérbio português: "Quem trabalha de graça é relógio, assim mesmo porque lhe dão corda e ele não faz força".

Acontece que toda essa discussão sobre quem está ou não com a razão não trará benefício algum para nossas análises; no entanto, essa diferença de percepção (de empreendedores *versus* Contadores) sobre os serviços prestados é pertinente no sentido de encontrar um meio-termo, e não para apontar culpados.

Uma conhecida história árabe conta que um sultão sonhou que perdeu todos os dentes. Quando despertou, assustado, mandou chamar um adivinho para interpretar o seu sonho.

— Que desgraça, senhor! — exclamou o adivinho. — Cada dente caído representa a perda de um parente de vossa majestade.

— Mas que insolente — gritou o sultão, enfurecido. — Como te atreves a dizer-me semelhante coisa? Fora daqui!

Chamou os guardas e ordenou que lhe dessem cem chicotadas. Mandou que trouxessem outro adivinho e contou-lhe o sonho. Após ouvir o sultão com atenção, o adivinho disse-lhe:

— Senhor! Grande felicidade vos está reservada. O sonho significa que haveis de sobreviver a todos os vossos parentes.

A fisionomia do sultão iluminou-se num sorriso, e ele mandou dar cem moedas de ouro ao segundo adivinho.

Quando o adivinho saía do palácio, um dos cortesãos disse--lhe admirado:

— Não é possível! A interpretação que você fez foi a mesma que o seu colega tinha feito. Não entendo por que ao primeiro ele pagou com cem chicotadas e a você, cem moedas de ouro.

— Lembra-te, meu amigo — respondeu o adivinho —, que tudo depende da maneira de dizer.

Essa história nos remete a uma famosa frase de Nelson Mandela: "Se você falar com um homem numa linguagem que ele compreende, isso entra na cabeça dele. Se você falar com ele em sua própria linguagem, você atinge seu coração".

Por gestos e grunhidos, os homens das cavernas já se comunicavam. A comunicação evoluiu quando o homem passou a relacionar objetos e utensílios aos seus semelhantes, surgindo, assim, uma forma primitiva de linguagem que, com o passar do tempo, foi adquirindo formas cada vez mais sofisticadas e registradas nas cavernas por meio de desenhos. Importante destaque deve ser dado à contribuição do povo sumério pela escrita cuneiforme. Da mesma forma, as "escritas sagradas" dos egípcios (ideogramas). E dando um grande salto cronológico para a modernidade, destacamos a descoberta da tipografia por Johannes Gutemberg (1445). Enfim, estamos nos referindo a um período de no mínimo 8 mil anos em que a humanidade vem se desafiando na arte de comunicar-se. Mas, afinal, com toda essa "bagagem" adquirida em milhares de anos, podemos afirmar com precisão que sabemos nos comunicar adequadamente? No ambiente profissional a comunicação flui de forma perfeita?

Que existem problemas de comunicação entre empreendedores e Contadores no tocante aos serviços prestados, não há dúvidas. Logo, é imprescindível analisar (sem preconceitos) os movimentos do emissor, do receptor e da mensagem; não como forma de apontar culpados, mas para, ao se detectar os ruídos semânticos e ruídos físicos, analisar se o signo emitido leva em conta o receptor e se o signo recebido tem linguagem adequada.

A exemplo do sultão (receptor), que "recebeu/aceitou" a mensagem do segundo adivinho (emissor), porque o signo emitido levou em conta o receptor (vaidade do sultão); o mesmo não acorreu com o primeiro adivinho (emissor), que ao enviar a mensagem não levou em conta o receptor (vaidade do sultão), chegando o signo com uma linguagem inadequada.

Importante destacar que os desdobramentos da comunicação (seja para o progresso ou para o retrocesso, seja para o bem ou para o mal) dependem de condicionantes nas quais nem sempre emissor e receptor podem intervir. A perspicácia do segundo adivinho foi tamanha, que ele conseguiu "atingir o coração" do sultão. No entanto, se o sultão "não quisesse" receber/entender a mensagem por "pura arrogância", mesmo entendendo a mensagem, de nada adiantaria a oratória e a técnica do segundo adivinho.

Segue o registro em outra consultoria quando o empreendedor é questionado sobre seu Contador:

> [...] a gente tem o controle de tudo que entra e de tudo que sai, fica tudo anotado no caderno e essa parte de emitir as notas é com a minha filha, que faz isso. Às vezes o Contador liga dizendo que não tá batendo o que compramos e o que vendemos. A gente não tem tempo de ficar se preocupando com isso porque somos só eu, a mulher e os dois filhos, é muito corrido. Ou atende cliente e vende ou fica perdendo tempo com essas coisas que o Contador quer que faça [...]

O fato de muitos empreendedores não terem qualquer formação em gestão os impossibilita de compreender, por exemplo, a importância de repassar informações fidedignas ao Contador, que por sua vez são fundamentais na elaboração de bons relatórios que auxiliem nas tomadas de decisões. Essa limitação de enxergar apenas práticas diárias (curta distância), desconsiderando o planejamento (visão mais ampliada a médio e longo prazos), revela-se como uma espécie de "miopia administrativa", por vezes expressa em falas como: "[...] a gente não tem tempo de ficar se preocupando com isso [...] ou atende cliente e vende ou fica perdendo tempo com essas coisas que o Contador quer que faça [...]".

Outro registro:

> [...] acho que a mensalidade cobrada pelo Contador tinha que ser menor, sei que cada um está aí tentando ganhar

> a vida [...] o que que o Contador faz além daquela parte de fazer as guias pra gente pagar imposto? No começo quando a gente abriu a empresa até que o Contador aparecia mais vezes e até mostrou uma planilha de controle que podia ajudar a controlar melhor as contas, mas isso toma muito tempo, no começo até que comecei a usar uma planilha, mas daí desisti, sabe como é, e falei pra ele que não precisa de controle tão detalhado assim [...]

A "miopia administrativa" está para além do simples desconhecimento de práticas administrativas adequadas; por vezes revela a própria negação do empreendedor em aceitar as recomendações dos Contadores, que, não podendo obrigar, apenas orientam, ou pelo menos tentam. Outro relato:

> [...] meu filho é muito bom com o computador, é ele que faz os controles em planilhas. Ano passado o Contador mandou o representante de uma empresa, dessas que vendem programas, sabe? Pra gente testar na empresa. Mas achei na época que o dinheiro que iria ter que gastar poderia ser usado em outra coisa **mais proveitosa**. Até agora não coloquei nenhum programa, as planilhas dão conta [...]

No caso dessa última empresa, os registros apontavam que ela apresentava bons resultados e que apesar dos controles se restringirem apenas ao fluxo de caixa, a empresa tinha grande potencial de crescimento e expansão. O Contador havia percebido o potencial do negócio e, por isso, recomendou um melhor controle informatizado. No entanto, muitos empreendedores não consideram como investimento as áreas de tecnologia e informação: "[...] achei na época que o dinheiro que iria ter que gastar poderia ser usado em outra coisa **mais proveitosa** [...]".

Mas, afinal, o que pode ser mais "proveitoso" do que saber com precisão a evolução das receitas e despesas nos diferentes períodos? Se o estoque de segurança está sendo priorizado? Qual é o ponto de equilíbrio? Qual a taxa de retorno dos últimos investimentos? O capital de giro é suficiente?

Na época, foi enumerada uma lista enorme de possibilidades que poderiam ser geradas a partir de um pequeno investimento na área

AS BOLAS CORTADAS DO GATO: REFLETINDO AS ORGANIZAÇÕES

de tecnologia e informação; no entanto, o empreendedor foi relutante e não aceitou as recomendações.

A expressão "mais proveitosa" nunca saiu da minha mente, e sempre analiso ela com meus alunos reportando a seguinte cena:

Um homem, não se sabe por qual motivo, está sozinho no deserto e tem apenas uma garrafa de água. Ele sabe exatamente a sua localização e a quantos quilômetros está do povoado mais próximo. O que ele faz? Sai caminhando? Senta e espera o resgate?

Como as condições de sobrevivência não são nada boas, ele calcula, com base na quilometragem do povoado mais próximo, quantas horas ou dias serão necessários para chegar ao destino levando em consideração: sua velocidade média de caminhada e os intervalos de descanso necessários. Baseado em suas análises, ele determina quantos goles de água poderá beber a cada hora. Por seus conhecimentos em geografia e sabendo que à noite as temperaturas caem drasticamente na região, ele decide ficar atento a tudo que encontrar no caminho e que poderá ser usado como abrigo e fogueira.

A questão que lanço é a seguinte: A probabilidade de sobrevivência de uma pessoa no deserto é proporcional à quantidade de recursos disponíveis? Quanto mais recursos, maiores as chances de sobrevivência?

Lamento informar, mas a resposta é: não necessariamente.

A probabilidade de sobrevivência em condições adversas aumenta à medida que se utiliza de forma racional os recursos disponíveis, sejam eles escassos ou não.

Não é a quantidade de recursos que define o sucesso ou fracasso de uma empreitada, mas sim o uso racional dos recursos com base nas diversas variáveis que incluem: a utilidade dos recursos, o conhecimento a respeito dos próprios recursos e a noção do ambiente no qual estão inseridos indivíduos e recursos.

Vamos imaginar uma segunda situação:

Um homem, não se sabe por qual motivo, está sozinho no deserto e tem à disposição um veículo *off-road* com tanque cheio de combustível, munido de GPS, barraca, utensílios, comida e água suficientes para vários dias. Ele sabe a sua localização e a quantos quilômetros está do povoado mais próximo. O que ele faz? Sai dirigindo? Senta e espera o resgate?

Por mais estúpida que possa parecer a segunda alternativa (senta e espera o resgate), desconhecemos se o homem sabe: dirigir, usar um GPS e que à noite a temperatura cai drasticamente e que se usar o ar-condicionado do carro poderá ficar sem combustível antes de chegar até o destino. São tantas variáveis, à primeira vista insignificantes, mas que fazem toda a diferença entre o sucesso e o fracasso em uma empreitada, seja ela para atravessar um deserto ou para administrar uma pequena empresa.

Se a probabilidade de sobrevivência em condições adversas aumenta à medida que se utiliza de forma racional os recursos disponíveis, sejam eles escassos ou não, não seria o conhecimento básico sobre gestão de negócios, planejamento e contabilidade o alicerce para que os empreendedores estejam mais preparados?

A relação entre empreendedores e seus Contadores seria diferente se os primeiros tivessem um melhor conhecimento sobre gestão de negócios?

Após ser questionada sobre seu restaurante, uma das empreendedoras assistidas relatou o seguinte:

> [...] no começo não foi fácil, a gente não calculava o custo dos pratos e colocava o preço que os concorrentes cobravam [...] depois da capacitação a gente começou a calcular e depois até o nosso Contador ajudou [...] a capacitação ajudou muito a gente a olhar o negócio de outra forma e olhar o Contador como aliado [...] alguns pratos tiramos do cardápio e outros até aumentamos o preço e os clientes continuaram consumindo [...]

Outro relato:

> [...] esse serviço de manutenção de piscinas aprendi com meu pai e tudo que sei devo muito a ele [...] com as orientações muita coisa que o Contador falava e que eu não fazia agora eu faço e já vejo muita coisa boa que já aconteceu. Já consigo controlar melhor as contas e já consigo até guardar um dinheiro no fim do mês pra no fim do ano trocar alguns equipamentos [...]

Pelo contato com outros empreendedores, capacitações e orientações empresariais, o empreendedor passa a acolher com mais seriedade as recomendações de seus Contadores:

> [...] com a capacitação pude entrar em contato com outros empreendedores e ver que a minha dificuldade era também a deles. A gente acha que só a gente tem certas dificuldades, mas descobre que outros também têm e assim fica até mais fácil resolver os problemas quando você compartilha, é o que o professor chamou de rede de relacionamentos [...] hoje eu escuto mais o meu Contador quando ele sugere coisas pra melhorar. Antes não me preocupava com essas coisas, achava que era só aumentar as vendas e pronto. Agora sempre que tem um curso e uma palestra que o Contador me convida eu participo porque agora sei que quanto mais aprender, melhor [...]

Logo, é imprescindível aumentar os investimentos para fomentar o empreendedorismo, as boas práticas de gestão e contabilidade e a facilidade ao crédito como formas de fortalecimento das empresas.

Conforme o estudo intitulado *Global Entrepreneurship Monitor 2019/2020 — Global Report*[108], do Instituto Global de Empreendedorismo e Desenvolvimento (GEDI), que é a principal organização de pesquisa sobre a relação entre empreendedorismo, desenvolvimento econômico e prosperidade, com sede em Washington, D.C., o Brasil está na posição de número 43 na classificação do índice de empreendedorismo entre os 54 países analisados. O Brasil está à frente apenas de países como Panamá, Marrocos, Paquistão, Macedônia do Norte, Madagascar, África do Sul, Croácia, Guatemala, Paraguai, Porto Rico e Irã. A avaliação leva em consideração os seguintes aspectos: acesso ao financiamento empresarial; política de governo (apoio e relevância / taxas e burocracia); programas de empreendimento do governo; educação empresarial na escola; educação empresarial pós-escolar; transferências de pesquisa e desenvolvimento; infraestrutura comercial e profissional; facilidade de entrada (dinâmica de mercado / encargos e regulamentos de mercado); infraestrutura física; normas sociais e culturais.

---

[108] Disponível em: https://www.gemconsortium.org/report/gem-2019-2020-global-report. Acesso em: 12 ago. 2022.

Além de termos um longo caminho pela frente para avançarmos em termos de melhores posições no índice de empreendedorismo, a exemplo de outros países da América do Sul, como é o caso do Chile (28º), Colômbia (35º) e Equador (39º), nos deparamos em 2020 com a pandemia da covid-19, que causou, além das milhares de vidas perdidas, um prejuízo econômico imenso e o fechamento de empresas no Brasil e no mundo.

Se pretendemos, de fato, desmistificar o Contador como forma de fortalecimento das empresas, devemos fazê-lo independentemente do porte. No caso das micro e pequenas empresas, extrair de vez a máscara que engana o empreendedor, fazendo-o achar que o Contador é "[...] o cara que manda as guias pra pagar imposto [...]", e no caso do MEI[109], propagar a ideia de que a presença de um Contador trará inúmeros benefícios para a melhor condução dos negócios, apesar de não ser legalmente obrigatório.

Para tanto, nossa hipótese é que julgamos indispensável uma curricularização nas escolas para a formação de uma cultura empreendedora consistente, desde a educação básica, e que tenha por princípios norteadores as práticas da boa gestão, da contabilidade e da inovação.

Em nenhum momento estamos dizendo que o Microempreendedor Individual (MEI) deveria ser obrigado por lei a ter um Contador. Ter um Contador como aliado é, também, uma questão de consciência, de cultura e de segurança, e nesse caso, de parceria. Nesse sentido, a natureza nos apresenta exemplos fantásticos de parcerias, como é o caso das árvores e fungos.

As raízes das árvores são muito eficazes no aproveitamento do solo úmido. Em circunstâncias normais isso basta, porém quanto mais puderem captar água, melhor. Por essa razão, há milhões de anos as árvores fizeram um acordo com os fungos. Se uma espécie de árvore encontra um fungo com um micélio[110] adequado às suas raízes, ela pode multiplicar sua superfície de raiz e captar muito mais água e

---

[109] Apesar da Lei Complementar n.º 128, de 19/8/2008, que trata do Microempreendedor Individual, não obrigar a contratar serviços de contabilidade empresas que não ultrapassem R$ 81.000,00 (oitenta e um mil reais) de faturamento anual, entendemos indispensáveis os serviços do Contador.

[110] Micélio é a parte vegetativa de um fungo ou colônia bacteriana, que consiste em uma massa de ramificação formada por um conjunto de hifas emaranhadas. É também responsável por carregar nutrientes até onde o fungo necessita e faz processos de simbiose com algumas espécies. (PUTZKE, J.; PUTZKE, M. T. L. **Os reinos dos fungos**. v. 1, 3. ed. Santa Cruz do Sul, RS: EDUNISC, 2013).

AS BOLAS CORTADAS DO GATO: REFLETINDO AS ORGANIZAÇÕES

nutrientes fundamentais, em comparação com espécimes que captam água e nutrientes do solo sem ajuda, apenas com as próprias raízes.[111]

Poderíamos enumerar um rol de vantagens que o Microempreendedor Individual (MEI) tem ao contratar um Contador; portanto, tal tarefa — como sugestão — deveria ser aprofundada e publicizada entre os órgãos de representação profissional e agências de desenvolvimento empreendedor estatais e não estatais.

Se houver um único empreendedor que a partir de agora entenda que o Contador é um aliado, assim como, da mesma forma, se houver um único Contador que aceite a desmistificação do profissional de Contabilidade como uma missão possível e necessária, valeu a empreitada deste capítulo. Como disse Fernando Pessoa, "tudo vale a pena, se a alma não é pequena".[112]

Conta a história que certa vez um pai levou seu filho para pescar num rio. Eles colocaram a linha com os anzóis e iscas e foram até o chalé onde estavam hospedados. Uma hora depois voltaram para o rio para ver se haviam fisgado alguma coisa. Vários peixes haviam sido fisgados nos anzóis. "Eu sabia que haveria, pai", disse o filho. "Como você sabia?", perguntou o pai. "Porque eu orei", o menino disse. Então, eles colocaram mais iscas nos anzóis e voltaram ao chalé para jantar. Depois, desceram ao rio outra vez e havia mais peixes fisgados na linha. "Sabia", falou o menino. "E como"?, perguntou o pai. "Orei de novo", falou o filho. Então eles colocaram a linha outra vez e voltaram ao chalé. Antes de dormir eles desceram novamente ao rio. Desta vez não havia peixes. "Sabia que não teria", declarou o menino. "Como você sabia?", perguntou o pai. "Porque desta vez eu não orei", disse o menino. "E por que não?", indagou o pai. "Porque eu lembrei que esquecemos de colocar a isca nos anzóis."

Imaginar-se empreendedor sem conhecer e usar as ferramentas da boa gestão é ilusão. Da mesma forma é ilusão imaginar-se pescador sem conhecer e usar os princípios básicos da boa pescaria. É como lançar os anzóis sem iscas, orar e esperar um ótimo resultado.

Ao final deste capítulo pode ainda restar uma dúvida: Qual o motivo daquela exaustiva explanação sobre pedras e rochas?

---

[111] WOHLLEBEN, P. **A vida secreta das árvores**. Rio de Janeiro: Sextante, 2017, p. 51–52.

[112] PESSOA, F. **Obra poética de Fernando Pessoa**. v. 1. Rio de Janeiro: Nova Fronteira, 2016, p. 34.

Se vai ser útil para algo, isso eu não sei. Mas pelo menos, agora, quem leu não vai sair por aí igual a um bocó, chutando uma rocha e dizendo que topou com uma pedra. E lembre-se: as rochas costumam ter a terminação "ito", como granito e arenito; mas há exceções, como mármore, basalto e xisto.

REFORÇANDO O CAPÍTULO

- A questão não é o que o Contador "faz", mas sim o que o Contador "entrega" para as empresas em termos de valor intangível por meio de seu conhecimento.

- O fato de muitos empreendedores não terem qualquer formação em gestão os impossibilita de compreender, por exemplo, a importância de repassar informações fidedignas aos Contadores, que por sua vez são fundamentais na elaboração de bons relatórios que auxiliem nas tomadas de decisões.

- A miopia administrativa está além do simples desconhecimento de práticas administrativas melhores. Por vezes revela a própria negação do empreendedor em aceitar as recomendações do Contador, que, não podendo obrigar, apenas orienta… ou pelo menos tenta.

- Não é a quantidade de recursos que define o sucesso ou fracasso de uma empreitada, mas o uso racional dos recursos com base nas diversas variáveis que incluem: a utilidade dos recursos, o conhecimento a respeito dos próprios recursos e a noção de ambiente onde estão inseridos indivíduos e recursos.

- Ter um Contador como aliado é, também, e acima de tudo, uma questão de parceria saudável.

PARA REFLEXÃO

PARA CONTADORES:

- O escritório tem mensurado, em termos estatísticos, das empresas que recebem serviços como "recomendações para melhorar o negócio", o grau de crescimento dessas empresas em comparação com as que não se servem desses serviços? Em caso negativo, o que pode ser feito?

- Dados estatísticos são utilizados para motivar outras empresas para se servirem de serviços como "recomendações para melhorar o negócio"? Em caso negativo, o que pode ser feito?

- A comunicação flui de forma perfeita com as empresas? Como isso é mensurado e qual a periodicidade?

- -O que pode ser feito na prática para desmistificar o Contador entre os empreendedores?

- É possível fazer parcerias com Administradores e/ou Consultores para melhor atendimento dos clientes no sentido de ofertar outros serviços? O que impede de fazer tais parcerias? Quais seriam os benefícios para as empresas assistidas e para o escritório?

12

ESTUDO DE CASO: O BAR DA FORMIGA

*Não nos tornamos ricos graças ao que ganhamos,
mas com o que não gastamos.*

(Henry Ford)

Era uma vez uma cigarra dona de um bar cuja clientela lotava o estabelecimento nos finais de semana. A duas quadras dali existia um outro bar, o bar da formiga, que não tinha tanta freguesia como o primeiro, mas com um bocado de clientes assíduos.

A cigarra tinha um gerente. Já a formiga, apesar de ter condições financeiras, e por opção, atendia e administrava o bar ao mesmo tempo e pensava consigo mesma: "Vou tocando enquanto puder. Se um dia o movimento aumentar, contrato um gerente".

A cigarra todo ano trocava de carro e, por isso, vivia com um carnê de financiamento debaixo das asas. A formiga, por sua vez, tinha um carro com vários anos de uso e todas as vezes que seus parentes indagavam o motivo dela não trocar de carro ela abria um largo sorriso de formiga e dizia: "Com este meu carrinho vou e volto para onde eu quiser. Sempre faço as revisões e ele nunca me deixou na estrada. Quando achar que devo trocar, compro outro um pouquinho mais novo. Mas pago à vista, é claro".

A cigarra pagava aluguel, já a formiga havia comprado o ponto. Conquista essa realizada em parte por seu esforço e economia.

A cigarra não tinha qualquer controle financeiro do bar. Da mesma forma como o dinheiro entrava no caixa, ele saía rapidinho para pagar fornecedores, aluguel e funcionários. O que sobrava ela usava para pagar suas contas pessoais. Já a formiga tinha estabelecido um pró--labore e não tirava um centavo a mais, e detalhe: considerava seu Contador um grande parceiro e não somente um mero "gerador de impostos a pagar".

AS BOLAS CORTADAS DO GATO: REFLETINDO AS ORGANIZAÇÕES

Certa vez a formiga precisou pagar uma cirurgia às pressas para sua mãe, de idade avançada, que havia caído de uma roseira. Quase morreu a pobre anciã. Como não dispunha de toda a quantia no momento, apesar de ter dinheiro no caixa do bar, emprestou de alguns amigos, juntou a quantia necessária e pagou a cirurgia à vista. Após o episódio, foi pagando o dinheiro que devia aos amigos por mês. Na época alguns parentes, que não ajudaram na cirurgia, chamaram a formiga de doida; afinal, se tinha dinheiro em caixa por que diabos ela emprestou dos amigos? Simples. Para a formiga o dinheiro do caixa não era dela, e sim do bar.

Todos os anos quando chegava o mês de dezembro a cigarra quase infartava por causa do 13º salário dos funcionários, e chegou até mesmo a fazer empréstimos bancários por duas vezes. A formiga, por sua vez, pagava com tranquilidade e até já chegou a pagar adiantado. Qual era a mágica? Nenhuma. Todo mês era depositada em uma conta separada uma fração do 13º salário dos funcionários, e quando chegava o mês de dezembro todos recebiam felizes da vida.

O cardápio do bar da cigarra era enorme e com uma quantidade considerável de pratos variados. Como a cigarra determinava os preços? Pesquisando os concorrentes.

O cardápio do bar da formiga, por sua vez, era mais modesto e concentrado nos pratos que mais saíam. Como a formiga determinava os preços? Fazendo minuciosamente o cálculo do custo de cada prato, e com base no custo colocava uma margem que considerava justa. Detalhe: os clientes do bar da formiga nunca reclamaram de alguns pratos serem mais caros que outros similares da concorrência.

Tudo corria na mais perfeita harmonia até que chegou a pandemia de um vírus mortal em 2020, vitimando centenas de milhares de cigarras e formigas no mundo todo. Uma verdadeira tristeza. E uma das medidas impostas pelas autoridades sanitárias foi fechar os estabelecimentos comerciais por tempo indeterminado. Forçadas por lei, e ao mesmo tempo conscientes de sua responsabilidade, a cigarra e a formiga fecharam as portas.

Passados três meses todo o comércio voltou a abrir, ou melhor, quase todo, com algumas restrições, é claro. Alguns comerciantes não aguentaram o tempo parado e faliram. A formiga, por sua vez, reabriu as portas do bar e aos poucos o movimento de clientes voltou. Detalhe: não precisou demitir nenhum funcionário. Qual foi a mágica? Nenhuma.

Graças à sua visão empreendedora e, principalmente, ao seu controle financeiro exemplar e recorrente consulta ao seu Contador para auxiliá-la nas decisões sobre investimentos, a formiga fez uma reserva de emergência durante os vários anos trabalhando no bar, o que lhe rendeu um fôlego financeiro de quase sete meses de trabalho, ou seja: poderia ficar mais quatro meses com as portas fechadas sem maiores problemas.

E a cigarra?

A cigarra, segundo o que contou uma barata, foi vista cantando em uma boate e tomando *tereré*[113] lá para as bandas do Paraguai. Se é verdade eu não sei. Mas que fiquei com a pulga atrás da orelha, isso fiquei.[114]

VAMOS CONVERSAR

Espero que ambos, tanto Esopo[115] como Jean de La Fontaine[116], não se sintam ofendidos por mais esta adaptação. Feita a diplomacia, vamos às reflexões.

No momento em que escrevo este capítulo estou em casa há mais de quatro meses, respeitando o distanciamento social devido à pandemia de 2020. Escrever em um único capítulo sobre as consequências econômicas, sociais e psicológicas da pandemia levando em conta toda sua complexidade e desdobramentos sob a luz da ciência e da razão é praticamente impossível. No entanto, e para atender aos objetivos deste capítulo, trago algumas reflexões importantes sobre finanças a partir da pandemia.

Durante os anos de 2013 a 2017 tive a grata satisfação de coordenar/orientar na universidade um programa financiado com recursos do governo do estado do Paraná denominado "Programa Bom Negócio Paraná", que tinha por objetivo dar cursos e consultorias gratuitas para empreendedores. Durante o período foram atendidas mais de

---

[113] Considerado Patrimônio Cultural Imaterial da Humanidade pela Unesco, o tereré é uma bebida ancestral que se prepara a partir da mistura de água gelada com ervas medicinais denominadas *pohã ñana* esmagadas em um pilão.

[114] Sobre a história da barata trataremos em uma outra oportunidade. E a pulga? Bom, a pulga foi só para fazer uma graça mesmo.

[115] Escritor da Grécia Antiga e provável inventor da fábula da cigarra e da formiga.

[116] Escritor francês que recontou a fábula.

36 cidades compreendendo o litoral paranaense e parte da Região Metropolitana de Curitiba, levando treinamento e consultoria para mais de mil empreendedores. De modo geral, os problemas frequentes nas empresas analisadas eram: falta de controle financeiro; ausência do custo exato dos produtos; falta de pró-labore e ausência de reserva de emergência. Alguma semelhança com o bar da cigarra?

De acordo com uma pesquisa realizada pelo Serasa em 2018, quase metade dos microempreendedores brasileiros afirmaram sentir dificuldades para controlar a gestão financeira.[117] Mas será que as dificuldade ou falta de controle financeiro se restringem às empresas?

Um levantamento realizado em 2018 e publicado no início de 2020 pela Confederação Nacional de Dirigentes Lojistas (CNDL) e pelo Serviço de Proteção ao Crédito (SPC Brasil) revelou que metade (48%) dos consumidores brasileiros não controla o seu orçamento, seja porque confiam apenas na memória para anotar despesas (25%), não fazem nenhum registro dos ganhos e gastos (20%) ou delegam a função para terceiros (2%). De acordo com o estudo, 78% dos brasileiros até conseguem terminar o mês com todas as contas quitadas, mas em 33% dos casos, não sobra nada. Já 22% dos entrevistados sofrem para administrar as finanças e deixam de pagar seus compromissos com frequência. A dificuldade para manter as finanças em ordem não é uma exclusividade dos que não controlam o orçamento. Considerando os que adotam algum método de controle, 61% relatam dificuldades, principalmente por terem uma renda variável (21%), falta de disciplina para anotar gastos com regularidade (20%) e falta de tempo (7%).[118]

O controle financeiro, seja empresarial ou pessoal, deve ser considerado como prioridade. É pelo um controle financeiro empresarial eficiente que uma organização se mantém ativa e com perspectiva de expansão. Da mesma forma, é por meio de um controle financeiro pessoal minucioso e responsável que é possível saber onde o dinheiro está sendo gasto e quais estratégias podem ser utilizadas para se investir e criar uma reserva de emergência. Para ambos os casos, o

---

[117] Disponível em: https://www.serasaexperian.com.br/sala-de-imprensa/serasa-empreendedor/brasil--encerra-2018-com-53-milhoes-de-micro-e-pequenas-empresas-inadimplentes-revela-serasa/. Acesso em: 3 out. 2022.

[118] Disponível em: https://site.cndl.org.br/48-dos-brasileiros-nao-controlam-o-proprio-orcamento-revela-pesquisa-cndlspc-brasil/. Acesso em: 3 out. 2022.

controle financeiro gera uma visão do dinheiro a médio e longo prazo que evita inúmeros dissabores para a empresa, para você e sua família.

O exemplo da cigarra não é muito diferente de uma parcela considerável de empreendedores que não controlam as finanças da empresa, que não sabem separar as finanças pessoais, que não têm pró-labore, e que não fazem reserva de emergência. Da mesma forma, muitas pessoas não controlam suas finanças pessoais e acabam por endividar-se e vivem as pressões das dívidas com cartões de crédito, com os altos juros do cheque especial e dos refinanciamentos bancários intermináveis.

Eventos como foi o caso da pandemia, seja na vida real (em 2020) ou na ficção (história da cigarra e da formiga), revelam o que já era esperado: comerciantes falindo e outros mantendo os negócios apesar das dificuldades. Qual a mágica dos últimos? Nenhuma. Enquanto alguns estavam preocupados apenas em trocar de carro todo ano, outros estavam preocupados em maximizar a reserva emergencial. Enquanto alguns achavam que o lucro era aquilo que sobrava após pagar as contas do mês, outros calculavam e mantinham atualizadas as informações de fluxo de caixa, capital de giro, DRE (Demonstração do Resultado do Exercício) e Balanço Patrimonial. Antes de continuar abro aqui um parêntese.

Tenho consciência de que alguns podem estar odiando o que foi dito no parágrafo anterior, e se considerar vítimas de um evento sanitário que ninguém podia prever. Muita calma! Nem tudo que é agradável aos nossos ouvidos é necessariamente bom para nós. Da mesma forma, nem tudo que é desagradável aos nossos ouvidos é necessariamente ruim para nós. Como disse Carl Sagan, "se levo a sério minha tentativa de compreender o mundo, pensar com algum órgão que não seja o meu cérebro, por mais tentador que possa ser, provavelmente complicará a minha vida".[119]

É claro que ninguém podia prever, isso é óbvio, e como disse um sujeito, "se soubesse teria montado uma fábrica de álcool gel e ficaria rico", evidenciando o que já sabemos, ou seja, que não é possível prever tais eventos. Mas, por outro lado, não podemos deixar que isso seja uma desculpa para não planejar, para não controlar as finanças da empresa, para não controlar as finanças pessoais e, principalmente, para

---

[119] SAGAN, C. **O mundo assombrado pelos demônios**. São Paulo: Companhia das Letras, 2006, p. 210.

AS BOLAS CORTADAS DO GATO: REFLETINDO AS ORGANIZAÇÕES

não criar uma reserva de emergência. Em meio a tantas dificuldades, em meio a tanto desalento, tudo é aprendizado, tudo é pedagógico. Note esse relato:

[…] trabalho com vendas há mais de 20 anos, me considero um bom vendedor e gosto do que faço. Acho que nasci pra esse negócio de vendas, aprendi bem rápido e comecei a ganhar dinheiro logo no início. Sempre consegui dar do bom e do melhor pra minha família. Mas de três anos pra cá as coisas começaram a mudar […] eu não conseguia sair do limite do cheque especial. Eu sempre controlei minhas despesas, sempre marquei. Pra facilitar sempre usamos o cartão de crédito pra ficar mais fácil no final do mês pra saber quanto gastamos em casa. Daí a coisa começou a ficar mais complicada de um ano pra cá. Sabe como é. A gente trabalha pra aproveitar a vida. Mas quando começou a apertar começamos a reduzir algumas despesas, como viagens. Eu não sabia mais como resolver o problema do limite do banco, que já estava chegando perto de R$ 6 mil. Então comecei a ficar preocupado porque temos a casa que é financiada e comecei a ficar com medo de começar a atrasar o pagamento do financiamento. Não dá pra atrasar o financiamento […] Quando começou a pandemia em 2020 não tive muito problema, porque como vendo para lojas de material de construção e esse ramo praticamente não parou e eu continuei vendendo por telefone, não tive muito problema não. Claro, diminuiu um pouco as vendas, mas não tanto. Como não podia viajar por causa da pandemia e ficava mais em casa vendendo por telefone, tinha mais tempo pra analisar melhor as despesas de casa. Uma coisa que fiz e que nunca tinha feito foi pegar a fatura do cartão de crédito e separar despesa por despesa: mercado, prestação de loja, restaurante, panificadora, farmácia, posto de combustível. Quando terminei de fazer isso, levei um susto do quanto tinha gastado no último mês com restaurante. Busquei as faturas do cartão de três meses e foi o mesmo susto. A gente estava gastando muito com restaurante. Sabe como é, a gente trabalha e quer aproveitar, sair com a família. E com a pandemia a gente pedia bastante pra entregar em casa […] Você passa o cartão hoje e passa amanhã e vai passando […] Fiz um cálculo, uma projeção que depois que passasse a pandemia a gente continuasse a ir em restaurantes, não com tanta frequência de antes, tipo cortando pela metade as idas, mesmo assim, dá pra economizar bastante e diminuir bastante o cartão de crédito. Quando mostrei pra minha mulher, ela me deu uma bronca e disse que sempre me falou que a gente gastava demais em restaurante. Fiquei quieto. Sabe como é, né, eu não escutava [...] Por causa da pandemia quem tinha financiamento da casa própria podia suspender o pagamento por seis meses [...] daí aproveitei e pedi a suspenção dos pagamentos da casa. Isso me deu um fôlego. Mas o que me ajudou bastante também foi dois empréstimos que eu tinha no banco [...] renegociei os dois empréstimos em um só com um valor da prestação menor [...] com prazo maior, mas com prestação menor e isso pra mim fez toda a diferença do mundo no pagamento das despesas no final do mês [...] Acho que essa pandemia aí me ensinou muitas coisas, principalmente controlar melhor o dinheiro [...] Já saí do cheque especial e já estou conseguindo pagar as despesas sem recorrer de novo ao limite do banco [...] já é uma grande coisa [...].

Um relato como esse só reforça a ideia de que nunca é tarde para controlar as finanças e que mesmo diante do "caos" é possível tirar lições e aprender com ele.

UMA CONVERSA FÚTIL EM UM LUGAR QUALQUER:

Fulano: — Quando posso começar a controlar as finanças?

Eu: — Acredito que agora. Neste exato momento seria uma boa.

Fulano: — Como faço? Não tenho muito dinheiro para comprar softwares.

Eu: — Não precisa de dinheiro. Uma agenda, um caderno velho já é um começo. Mas se quiser começar direito, existe uma infinidade de planilhas e softwares gratuitos para baixar da internet que tratam de finanças empresariais e pessoais.

Fulano: — É difícil?

Eu: — É nada. Na internet existe uma infinidade de artigos e vídeos que trazem dicas de como controlar as finanças e usar planilhas.

Fulano: — Obrigado, vou pesquisar.

PARA REFLEXÃO

- Com relação ao controle financeiro: sou mais parecido com a cigarra ou com a formiga? - Considero o Contador um mero "gerador de guias de contas a pagar" ou um parceiro na tomada de decisões sobre investimentos?

- No caso de me parecer com a cigarra: o que posso fazer para mudar essa situação?

O QUE VIMOS ATÉ AQUI

Nesta altura do livro já vimos que a partir da compreensão de quem somos (missão) é possível enxergar com maior clareza para onde queremos ir (visão) e quão fundamental é entendermos e estabelecermos os valores organizacionais como base para a formulação da própria missão e visão. Também vimos que nunca é tarde para começar a controlar as finanças e que o Contador pode ser um grande aliado nas tomadas de decisões.

Após essas apreciações fundamentais, convido você para juntos adentrarmos de forma breve outros assuntos nos próximos capítulos, como: persistência, aparência, imagem e pessoas.

13

ENGULA O CHORO

Nem sempre recuar é fugir.

(Machado de Assis)

Não seja teimoso.

Talvez você se lembre dessa frase ou de algo parecido dito por seus pais. Mas, afinal, a teimosia é boa ou ruim?

Toda vez que os pais chamam os filhos de teimosos ao tentar impor certas condutas ou proibições, acabam, de forma involuntária, tolhendo ou diminuindo aquilo que pode ser visto anos depois, na fase adulta, como a capacidade de persistir. É muito mais prático rotular do que, levando em conta as devidas situações e idade, ensinar.

Lembro na época da pré-adolescência que, quando pedia algo para meu pai, já imaginando a resposta negativa, escutava aquele sonoro "não". De forma alguma ousava insistir com ele, o que é muito diferente de persistir.

Às vezes, não satisfeito, corria para minha mãe e ela, como a maioria das mães, vinha pacientemente com suas explicações. Quando eu persistia, ela tentava explicar de outra forma e, caso continuasse insistindo, franzia o cenho: "Não seja teimoso, menino". Aquele era o limite e raramente eu avançava, como uma espécie de linha imaginária que separava o chinelo da bunda. No entanto, em ocasiões especiais, eu persistia para que minha mãe intercedesse junto ao meu pai e, é claro, na maioria das vezes meu pai só repetia o sonoro "não".

A tentativa com meu pai se dava uma única vez. E por quê? Sabia que com o pai era sim ou não. Não existia meio-termo, nem rever a decisão, e muito menos justificar. Logo, qualquer nova investida com o pai não seria uma persistência, e sim uma insistência. Ou melhor, uma tolice da minha parte.

AS BOLAS CORTADAS DO GATO: REFLETINDO AS ORGANIZAÇÕES

Já com a mãe era diferente. Como era mais maleável eu persistia até quantas vezes era possível e, é claro, quando me faltava o bom senso e excedia o limite da persistência, o ato virava insistência; então, quando menos se esperava, as chineladas entravam em cena e tudo se resolvia. Mas vamos voltar um pouco mais no tempo.

Certa vez, quando tinha uns 4 anos, minha mãe precisou me deixar na casa de um tio. Ela raramente fazia isso. Mas quando percebi que ela saiu, foi aí que começou o choro.[120]

Meu tio, muito talentoso com crianças, trouxe alguns brinquedos e me pediu para parar de chorar e, como era de se esperar, o pedido surtiu efeito contrário: chorei ainda mais alto. Para nossa sorte naquela época não existia Conselho Tutelar,[121] pois, se existisse, provavelmente iríamos parar na delegacia por suspeita de tortura infantil.

Com uma paciência incrível meu tio disse a palavra mágica "chore", virou as costas e foi cuidar de seus afazeres. Lembro vagamente que cansei de tanto chorar e, não tendo mais lágrimas, fui brincar. Para minha (in)felicidade, esse episódio era sempre lembrado nos almoços que reuniam toda a família, e eu, com aquela cara de desentendido, **só** respondia: "Pode ser que tenha acontecido". Mas infelizmente nem todos os adultos têm paciência e há casos em que dizem à criança: "Engula o choro". Para falar a verdade, nunca entendi muito bem essa frase, como se o choro fosse algo que pudesse ser de fato engolido.

É bem provável, segundo estudos, que o choro como forma de pedido de ajuda tenha surgido simultaneamente ao aparecimento da linguagem falada, e estamos falando de 40 a 50 mil anos; ou seja, não é de hoje que choramos. No caso do bebê humano, ele chora para chamar a atenção dos genitores demonstrando assim as necessidades fisiológicas.[122,123,124] No caso de crianças maiores, o choro pode ser sin-

---

[120] Segundo o que reza uma lenda da família, contada pelos mais velhos, eu chorava muito quando era criança e por qualquer motivo abria o chamado *bocão*. Como não lembro muito bem desse detalhe do *bocão*, não posso confirmar a veracidade da lenda.

[121] O Conselho Tutelar foi criado no dia 13 de julho de 1990, como resultado da Lei n.º 8.069, que instituiu o Estatuto da Criança e do Adolescente (ECA).

[122] MIYAGAWA, S.; CLARKE, E. Systems underlying human and old world monkey communication: one, two, or infinite. **Front. Psychol.,** 10:1911, 2019. doi: 10.3389/fpsyg.2019.01911.

[123] ARNOLD, K.; ZUBERBÜHLER, K. Language evolution: semantic combinations in primate calls. **Nature**, n. 441, 303–303, 2006a, doi: 10.1038/441303a.

[124] BICKERTON, D. Catastrophic evolution: the case for a single step from protolanguage to full human language. *In:* HURFORD, J. R; KENNEDY, M. S.; KNIGHT, C. (ed.) **Approaches to the evolution of language**: social and cognitive bases. Cambridge: Cambridge University Press, 1998, p. 341–358.

cero ou estratégico. Enfim, o choro é sem dúvida um instrumento de comunicação eficiente. No meu caso o choro aos 4 anos não era nem sincero e nem estratégico, mas cínico e pretencioso.

Se "engula o choro" soa estranho para as crianças, imagine então "homem não chora". Tal expressão nos faz refletir que o ato de derramar lágrimas, para além de sua função fisiológica de lubrificante que serve para umedecer, nutrir e limpar a córnea, e de sua função emocional (quando da morte, por exemplo), é mutável, histórico e culturalmente aceito ou não.

Em muitos países cristãos, como é o caso do Brasil, chorar (para muitos machos alfa) não é coisa de homem. Na Grécia Antiga homens podiam chorar, já as mulheres não. Na Idade Média chorar em público era totalmente aceito pela sociedade, tanto para homens como para mulheres.[125,126]

De qualquer forma era nítido que meu choro quando criança era manipulador, mas não chegava ao ponto de ser tão dramático como algumas cenas que já presenciei no shopping onde mães constrangidas arrastavam seus filhos pelo chão enquanto eles gritavam e esperneavam querendo algo. Em outra ocasião vi uma mãe, abalada psicologicamente, beliscando a criança, que já estava chorando, e dizendo o famoso "engula o choro". Convenhamos, se o objetivo era fazer a criança parar de chorar, beliscar só potencializava o choro dando mais justificativa para toda aquela gritaria e escândalo. Realmente, ser pai ou mãe é testar os limites da sanidade. De qualquer forma, quando a criança chora, seja um choro manipulador ou não, dependendo da idade, o fato é que para as crianças maiores não existe diferença entre persistência e insistência; seu choro, portanto, é uma forma de se comunicar... ou de enlouquecer seus pais.

Mas comecei, de fato, a entender a diferença entre persistir e insistir quando um amigo me contou suas estratégias utilizadas para com seu chefe.

Quando ele queria pedir um aumento de salário, por exemplo, nunca o fazia em uma segunda-feira. Pedir aumento no início da

---

[125] VINGERHOETS, A. J. J. M.; CORNELIUS, R. R.; VAN HECK, G. L.; BECHT, M. C. Adult crying: a model and review of the literature. **Review of General Psychology**, n. 4, p. 354–377, 2000.

[126] WIDMAIER, E.; RAFF, H.; STRANG, K. Vander's human physiology. New York, NY: McGraw-Hill, 2006 *apud* CARLSON, K.; HALL, J. M. Exploring the concept of manliness in relation to the phenomenon of crying: a bourdieusian approach. **Journal of Holistic Nursing**, v. 29, n. 3, p. 189–197, 2011.

semana é péssimo, o bom mesmo é no meio da semana, pois se pedir na sexta-feira o chefe pode esquecer na semana seguinte. Outra coisa importante é nunca justificar aumento de salário com tolices do tipo "estou trabalhando por dois", pois o chefe pode querer saber quem é o outro que não está trabalhando e assim você ficar com cara de idiota. Após tomadas essas primeiras precauções o passo seguinte é: elaborar uma boa justificativa e ensaiar várias vezes.

No dia de pedir o aumento você nunca deve ir direto ao assunto, mas começar falando sobre outra coisa e sentir o humor do chefe naquele dia; caso perceba que o humor não está propício para um assunto tão delicado, disfarce, encerre a conversa e saia de cena; deixe passar alguns dias e repita o ritual. Alguém pode perguntar: quantas vezes devo tentar sentir o humor do chefe? Ora, quantas vezes forem necessárias. Mas isso não seria insistência? Não, isso é persistência.

Pois bem, no dia em que o humor do chefe estiver propício coloque em prática aquela fala ensaiada. Caso ele fale que não existe nenhuma possibilidade, não insista, saia de cena; e caso você seja um bom profissional, pode ter certeza, o reconhecimento por seu trabalho um dia vai chegar; seja nessa ou em outra empresa. Mas se ele demonstrar certa empatia, aproveite a oportunidade persistindo em suas qualidades e no quanto de potencial você tem a desenvolver em favor da empresa. Agradeça a ele e saia de cena sabendo que meio caminho já foi percorrido.

Creio que tenha começado a ficar mais clara a diferença entre insistir e persistir. A persistência tem a ver com foco, esforço, paciência, otimismo, flexibilidade e, principalmente, bom senso para saber quando, se preciso for, recuar; pois, como bem pontuou Machado de Assis, "nem sempre recuar é fugir".

Vamos refletir um pouco sobre cada uma das expressões: foco, esforço, paciência, otimismo, flexibilidade e bom senso.

Foco é determinar a prioridade no sentido singular da palavra. Quando alguém diz "tenho certas prioridades com relação a tal assunto", na verdade a pessoa ainda não consegue enxergar com nitidez o que realmente é fundamental e, o que é pior, não consegue, por força da pluralidade de prioridades, concentrar seus esforços naquilo que realmente importa.

Alguém pode perguntar: E o restante que também é importante, mas que não é prioridade?

O restante, que é acessório, a natureza se encarrega de trazer junto. Resumindo: você precisa ter prioridade, e não prioridades. Acredite, ter foco é fundamental.

E o esforço?

Quanto mais eu me esforçar para estudar, mais sorte terei para passar no vestibular!

Quanto mais eu me esforçar nos treinos de corrida, mais sorte terei para ganhar a maratona!

Quanto mais eu me esforçar em ler, mais sorte terei para escrever bons textos!

Quanto mais eu me esforçar em ser uma pessoa melhor, mais sorte terei para ir para o céu![127]

Quanto mais eu me esforçar em ser um pai e um marido presente em casa, não só de corpo, mas também de espírito, mais sorte terei em manter minha família unida!

Quanto mais eu me esforçar para ser um funcionário competente, mais sorte terei para conseguir uma promoção!

Quanto mais eu me esforçar nos treinos de determinado instrumento musical, mais sorte terei em ser um ótimo instrumentista!

Quanto mais eu me esforçar em comer alimentos saudáveis e fazer exercícios físicos regulares, mais sorte terei de não desenvolver obesidade, hipertensão e diabetes!

Quanto mais eu me esforçar em fazer uma reserva financeira de emergência, mais sorte terei quando um imprevisto aparecer!

Quanto mais eu me esforçar no curso que estou fazendo, mais sorte terei para atrair boas oportunidades de emprego!

Quanto mais eu me esforçar em aumentar não só em número, mas em qualidade meu networking, mais sorte terei em tirar o máximo proveito da minha rede de contatos!

Quanto mais eu me esforçar na escrita deste livro, mais sorte terei para levar aos leitores uma obra de qualidade que fará a diferença na vida deles!

---

[127] Para quem acredita em algo para além desta vida, evidentemente.

AS BOLAS CORTADAS DO GATO: REFLETINDO AS ORGANIZAÇÕES

Se me perguntarem o que é o esforço, opto pelo silêncio. Ao invés de definir, prefiro apenas recordar a incrível emoção de determinados momentos da minha vida, frutos do meu esforço. Para essas coisas, é imensamente prazeroso apenas rememorar e nada mais. Acredite, esforço e foco são fundamentais. E a paciência?

Conta uma história que Buda e seus discípulos decidiram empreender uma jornada durante a qual atravessariam vários territórios e cidades. Um dia, no qual o sol brilhava com todo seu esplendor, viram ao longe um lago e pararam para matar a sede. Na chegada, Buda se dirigiu ao seu discípulo mais jovem e impaciente:

— Tenho sede. Você pode me trazer um pouco de água daquele lago? — O discípulo foi até o lago, mas quando chegou, percebeu que um carro de bois começou a atravessá-lo e a água, pouco a pouco, ficou turva. Após essa situação, o discípulo pensou: não posso dar ao mestre esta água barrenta para beber. Então ele voltou e disse a Buda:

— A água está muito lamacenta. Não acho que podemos bebê-la.

Passado um tempo, aproximadamente meia hora, Buda pediu novamente ao discípulo que fosse ao lago e lhe trouxesse um pouco de água para beber. O discípulo fez isso. No entanto, a água ainda estava suja. Ele retornou e, com um tom conclusivo, informou Buda da situação:

— A água daquele lago não pode ser bebida, é melhor caminharmos até a cidade para que seus habitantes possam nos dar de beber.

Buda não respondeu, mas também não fez nenhum movimento. Ele permaneceu lá. Depois de um tempo, ele pediu ao discípulo para retornar ao lago e trazer água para ele. Este, como não queria desafiar seu mestre, foi até o lago; é claro que ficou furioso, pois não entendia por que tinha que voltar se a água estava lamacenta e não podia ser tomada. Ao chegar, ele observou que a água mudara de aparência, parecia boa e estava cristalina. Então, ele pegou um pouco e a levou para Buda, que olhou para a água e disse ao seu discípulo:

— O que você fez para limpar a água? — O discípulo não entendeu a pergunta, ele não tinha feito nada, era evidente. Então, Buda olhou para ele e explicou:

— Você esperou e a deixou parada. Dessa forma, a lama se assenta sozinha e você tem água limpa. Sua mente também é assim! Quando está perturbada, você só tem que deixá-la parada. Dê-lhe algum tempo. Não seja impaciente. Pelo contrário, seja paciente. Você encontrará o equilíbrio. Você não precisa fazer nenhum esforço para acalmá-la. Tudo vai acontecer se você não se prender a isso.

Basicamente, a paciência entendida como virtude baseia-se no autocontrole e na tolerância com os outros; logo, ela nos ajuda a compreender melhor a nós mesmos e aos outros. A paciência nos permite saber ouvir mais, enxergar e sentir melhor as coisas.

Portanto, cultivemos a paciência, cada um a seu modo: seja pela leitura de um bom livro, por uma caminhada, uma conversa descompromissada com uma pessoa de mais idade, seja por um momento de meditação, brincando com seu animal de estimação; enfim, acalmando a "mente do macaco"[128] conforme suas preferências pessoais, sem seguir regras, modas ou conselhos. Siga sua intuição.

Acredite, esforço, foco e paciência são ingredientes que farão toda a diferença em sua vida, seja profissional ou pessoal.

E o otimismo?

O pessimista: Que droga de tempo. Chuva em pleno domingo!

O otimista: Vou aproveitar para assistir um bom filme!

O pessimista: Não estou aguentando esse frio!

O otimista: Hoje é um belo dia para um chocolate quente e uma boa leitura!

O pessimista: Não estou aguentando esse calor dos infernos!

O otimista: Enfim, chegou o verão!

O pessimista: Que droga de calça que não me serve mais!

O otimista: Opa! Acho que está na hora de começar uma dieta!

O pessimista: Porcaria de carro velho!

---

[128] Expressão utilizada pelos budistas que significa acalmar a mente para que os pensamentos não fiquem saltando de forma agitada, igual macaco, ficando assim os seres exaustos e confusos.

O otimista: É velho, é meu e está pago!

O pessimista: Enquanto os outros estão se divertindo, eu estou aqui me ferrando e estudando!

O otimista: O esforço do meu estudo de hoje será minha recompensa de amanhã!

O pessimista: Como eu gostaria de ter uma casa maior!

O otimista: Meu cantinho, meu mundo. Adoro!

O pessimista: Ninguém merece ficar três horas nesse aeroporto esperando o voo!

O otimista: Estou de férias! Enquanto meus colegas e chefe estão trabalhando, estou prestes a viajar. Que maravilha!

O pessimista: Até agora, na leitura deste livro, tirei "só" meia dúzia de coisas boas!

O otimista: Até agora, na leitura deste livro, anotei "uma" coisa superútil que vou usar no meu dia a dia. Valeu a leitura!

Mesmo sabendo que existe um certo desapreço intelectual com relação à alegria em certas correntes filosóficas, levando a acreditar que o conhecimento leva à melancolia, prefiro acreditar na recompensa do esforço em ser otimista. No entanto, o otimismo é deveras exaustivo, pois exige que o sujeito saia de um estado estático para um estado dinâmico. Enquanto o pessimista reclama de sua situação atual e projeta um futuro não muito diferente, o otimista realista, por sua vez, compreende sua situação atual com todas as suas mazelas e se esforça em visualizar de forma racional possíveis alternativas para resolver ou ao menos amenizar a situação atual, sabendo que tais ações poderão interferir positivamente no futuro. E por que é exaustivo ser otimista? Porque o otimista, diferente do pessimista, sabe que para se tentar alcançar os objetivos traçados é preciso: estudar bastante, trabalhar muito, enfim, se esforçar. Porque o otimista está em constante estado dinâmico, diferente do pessimista, que está em constante estado estático e, o que é pior, quase sempre reclamando de quem faz e da forma que faz.

O otimista realista sabe que, enquanto ele estuda, outros estão se divertindo no bar, aproveitando a praia ou fazendo qualquer outra atividade de que gostam.

O otimista realista sabe que, enquanto ele está correndo e fazendo atividades físicas às cinco horas da manhã, porque é o único horário que ele tem para tal, muitos estão dormindo.

O otimista realista sabe que para toda escolha existe uma renúncia, no entanto a renúncia vale a pena para ele diante da recompensa de seu esforço.

Ser otimista realista é ter atitude e ao mesmo tempo não acreditar em coisas fantasiosas como sorte, azar, destino; mas em esforço, trabalho e dedicação.

Esforço, foco, paciência e otimismo aumentam a probabilidade de o sujeito alcançar seus objetivos. No entanto, existe um quinto elemento presente em um provérbio chinês que é muito importante para lidarmos com os imprevistos: "Não há que ser forte. Há que ser flexível".

De modo geral, a pessoal flexível é aquela que consegue se adaptar ao ambiente e às situações para dar continuidade ao caminho anteriormente traçado em direção ao seu objetivo. Logo, não se trata de mudar de direção, mas de se reinventar por meio de suas atitudes e métodos com vistas ao seu destino.

As organizações que desejam permanecer no mercado têm que se reinventar e inovar constantemente, e a história está repleta de exemplos de organizações que faliram por serem inflexíveis, principalmente por causa da arrogância de seus administradores.

Da mesma forma, basta uma rápida pesquisa para encontrarmos muitas histórias de pessoas famosas e de outras comuns que se reinventaram e que conseguiram resultados extraordinários.

Após essas reflexões, voltemos à pergunta inicial deste capítulo.

Mas, afinal, a teimosia é boa ou ruim?

Pois bem, hoje não chamo sequer uma criança e muito menos ouso chamar um adulto de teimoso, seja em seu projeto de negócio ou de vida. Por vezes, e não raro, nosso ceticismo só reflete nossa incapacidade de enxergar o que o persistente, dito teimoso, já desco-

AS BOLAS CORTADAS DO GATO: REFLETINDO AS ORGANIZAÇÕES

briu há muito tempo: que sua prioridade está para além de quaisquer tolices ditas por quem quer que seja. Afinal, é somente o próprio sujeito que compreende o que ele deseja, o que ele controla e o que ele não controla. Assim foi com Thomas Edison, Henry Ford, Bill Gates, Walt Disney, Albert Einstein, Michael Jordan e tantos outros famosos e tantos outros anônimos teimosos.

E o restante? Bom, o restante é apenas resíduo, ruído e nada mais.

REFORÇANDO O CAPÍTULO

- Para muitos, na infância existia um limite, uma espécie de linha imaginária que separava o chinelo da bunda.

- Só quem foi uma criança "raiz" vai entender as expressões "engula o choro" e "homem não chora".

- Foco é determinar a prioridade no sentido singular da palavra.

- Por vezes a água não é turva, ela apenas está turva.

- O otimista realista sabe que para toda escolha existe uma renúncia, no entanto a renúncia vale a pena para ele diante da recompensa de seu esforço.

PARA REFLEXÃO

- Estou precisando acalmar a mente do macaco? Em caso afirmativo, o que posso fazer para mudar essa situação?

- Sou mais do tipo persistente ou do tipo resíduo e ruído? Em caso de tipo resíduo e ruído, o que posso fazer para mudar essa situação?

14

SAPO-CURURU

[...]

Longe dessa grita,
Lá onde mais densa
A noite infinita
Veste a sombra imensa;

Lá, fugido ao mundo,
Sem glória, sem fé,
No perau profundo
E solitário, é

Que soluças tu,
Transido de frio,
Sapo-cururu
Da beira do rio...

(Manuel Bandeira, "Os sapos")

Conta a história que um certo sapo-cururu, muito levado da breca, colocou suas artes de sapeca quando viu a peteca de um grupo de crianças cair na lagoa.

Notando a preguiça das crianças, e observando que uma jogava o problema para a outra, não pensou duas vezes e escondeu o brinquedo.

A partir de então foi a maior confusão. Um dos piás, que era careca, inventou uma soneca só para não pegar a peteca. Até a prima do Zeca, que se chamava Deca, entrou no rolo.

Após meia hora e se divertir à beça, vendo a tremenda confusão que para ele era uma festa, encheu seus pequenos pulmões de sapo e gritou forte:

— Heureca! Heureca!

As crianças, vendo o brinquedo, felizes da vida, gritaram em coro:

— Oba! Venha, Sapo-cururu. Venha brincar de peteca junto com a gente.

E sorrindo um sorriso de sapo, o cururu respondeu:

— Já estou indo. — E pensou consigo mesmo: "De cururu (bobo) não tenho nada, sou mesmo é sapeca".

A história por trás da história

No dia anterior, escondido numa moita, o sapo-cururu, que na verdade era um sapo *coach*, mandou um sapo-da-água, que era um vendedor, brincar de peteca com as crianças, mas elas responderam:

— Você é um sapo! Nunca vai brincar de peteca com a gente!

No dia seguinte, o sapo-cururu *coach* retornou para a lagoa com o sapo-da-água vendedor. As crianças derrubaram a peteca na lagoa e… bom, o resto da história você já conhece.

VAMOS CONVERSAR

Por que começar o capítulo com a figura do sapo? Vou explicar.

Esse distinto anfíbio, que passa sua infância e juventude na água e quando adulto migra da água para a terra, habitando próximo dos lagos, é sem dúvida um ser magnífico, pois, apesar da repulsa de muitos devido à sua pele rugosa e o aspecto grotesco, remonta o imaginário de várias culturas. Ele está presente nos antigos contos de fadas, nascidos na Idade Média nas aldeias dos camponeses, representando a transformação. O sapo simboliza a riqueza, a boa sorte, a fertilidade, a força e a coragem.[129,130]

No Antigo Egito era sinônimo de proteção na passagem para a vida eterna, ao serem embalsamados e acomodados junto às tumbas

---

[129] POUGH, F. H.; JANIS, C. M.; HEISER, J. B. **A vida dos vertebrados**. 4. ed. São Paulo: Atheneu, 2008.

[130] RETALLAK, G. J. Woodland hypothesis for devonian tetrapod evolution. **The Journal of Geology**, v. 119, n. 3, p. 235–258, 2011.

dos faraós. Considerado um símbolo fetal, sendo que a deusa rã dos nascimentos estava relacionada com a evolução.[131,132,133]

Para os chineses o sapo é sinônimo de sorte, pois é aquele que traz a chuva. Além de ser considerado *Yin*, a divindade da lua, da noite e da água, sendo a figura do arqueiro que alcança a lua e por isso se transforma em sapo. É comum encontrarmos na China peças em formato de sapos sentados em pilhas de dinheiro. Os chineses acreditam que a peça aumenta e protege a riqueza.[134,135]

Em nossa história o sapo *coach*, não um qualquer[136], queria passar ao sapo vendedor os conceitos de *fortuna* e *virtú* ensinados por seu professor de Filosofia quando ainda era um girino do ensino médio. E, tentando parafrasear Nicolau Maquiavel[137], começou dizendo:

— O sapo com *virtú* sabe imitar a raposa e o leão, raposa para conhecer as armadilhas e leão para atemorizar os lobos. A *fortuna*, ou seja, as circunstâncias das quais não temos domínio, sejam elas boas ou ruins, que alguns chamam de sorte e outros de azar, deve ser dominada pela *virtú*, que é a capacidade de saber agir de acordo com as circunstâncias, de controlar a imprevisibilidade. Pela *virtú*, da *virilidade*, é preciso dominar a *deusa fortuna*[138] e assim, meu caro, saber usar a força na medida certa com sabedoria. As crianças não queriam brincar de peteca com você, meu caro? Nada mais comum. Isso é a *fortuna*. Ou você acha que faz parte da "ordem das coisas" crianças

---

[131] ARAÚJO, L. M. de. **Dicionário do antigo Egipto**. Lisboa: Caminho, 2001.

[132] BAINES, J.; MÁLEK, J. **O mundo egípcio**: deuses, templos e faraós. Madrid: Ediciones del Prado, 1996.

[133] BUDGE, E. A. W. **O livro dos mortos do antigo Egito**. São Paulo: Madras, 2020.

[134] AMAN, M. The frog in ancient egypt, with unpublished frog statues, amulets and other related objects in the Agricultural and Mallawy Museums in Egypt. **Journal of General Union of Arab Archaeologists**, v. 12, n. 12, p. 154–173, 2011. Disponível em: http://journals.ekb.eg/article_2800.html. Acesso em: 5 nov. 2022.

[135] CHEVALIER, J.; GHEERBRANT, A. **Dictionnaire des symboles**: mythes, rêves, coutumes, gestes, formes, figures, couleurs, nombres. Paris: Robert Laffont, 1997.

[136] Duas graduações (*coach* cura e *coach* gratidão); especialização (*coach* quântico); dois MBAs (*coach* de relacionamento e *coach* de *coach*).

[137] Nicolau Maquiavel (1469–1527): filósofo político, historiador, diplomata e escritor italiano, autor da obra *O príncipe*. Conhecedor da política da época, estudou-a em suas diferentes obras.

[138] Deusa Fortuna: como a personificação da fortuna, Fortuna é invocada para trazer boa ou má sorte e foi amplamente adorada pelos romanos. Retratada como cega e velada, ela representa a justiça e é a deusa do destino. Ela era tão generosa quanto seu pai, Júpiter. Fortuna é representada segurando uma cornucópia, ou um chifre da abundância, em uma mão da qual todas as coisas boas fluíam em abundância. Esse lado representava sua capacidade de dar prosperidade a seus seguidores. Na outra mão estava o leme de um navio, que indicava seu poder de controlar o destino. Ela também podia ser vista entronada, com os mesmos atributos, mas com uma roda embutida na cadeira para representar os altos e baixos da fortuna.

brincarem de peteca com sapos? Ao esconder a peteca usamos a *virtú*, a sabedoria no uso da força. Quanto mais forte a *virtú*, mais a *fortuna* estará a nosso favor e vice-versa.

Não entraremos no debate se o que o sapo fez é ético ou não, até porque não se trata de um livro infantil e, por isso, tal debate não cabe aqui, poderemos fazê-lo em outro momento. Mas a questão que levantamos dentro da presente proposta é que o cultivo da *virtú*, ao preparar terreno fértil para a criatividade, possibilita o emprego e a elaboração de ferramentas que auxiliam os empreendedores a lidar com a fortuna, entre elas a estratégia.

Estratégia vem do grego *strategia*, que significa "comando de um general". É uma junção de *strategos* (general), *stratos* (exército, multidão), *agos* (chefe, líder) e *agein* (liderar). Apesar da origem da expressão estratégia ser militar, seu conceito é usado nas mais diferentes vertentes: política, econômica e corporativa. E quase todas caminham para um mesmo sentido: de que a estratégia é o conjunto de planos e métodos utilizados para o alcance de um objetivo.

Antes de entrar para a faculdade de Administração na década de 1990 trabalhei por muitos anos como balconista de um pequeno comércio da família. Para aumentar a renda, duas vezes por semana comecei a trabalhar como vendedor externo visitando mercados e mercearias.

Logo na primeira semana, deparei-me com uma situação complicada com o proprietário de um dos mercados. Ao me ver, e sem ao menos deixar me apresentar e falar meu nome, o sujeito me disse sem dó nem piedade:

— Não compro de piá.[139]

Na época estava com 18 anos e realmente aparentava menor idade. Saí do estabelecimento com as mãos trêmulas e suando frio, e na volta para casa pensava: "E agora? Esse filho da [...] é muito arrogante.

---

[139] A expressão "piá" tem origem no tupi-guarani *pi'a* e significa coração, estômago, entranhas. Expressão utilizada pelas mães indígenas ao dirigir-se aos filhos indígenas: *meu piá*, ou seja, *meu coração*. Segundo o dicionário Houaiss é empregado para se referir ao menino mestiço de indígena com branco ou mesmo qualquer criança do sexo masculino. Trata-se de um regionalismo de Santa Catarina e Rio Grande do Sul para designar o peão menor de idade que não é de raça branca. Traz como um brasileirismo para designar o índio jovem ou mestiço jovem de branco com índio; pequeno caboclo. Em Santa Catarina e Rio Grande do Sul é uma variante usada para designar "qualquer menor que não é branco e trabalha como peão de estância".

Mas o pior é que ele é um ótimo cliente. Não posso perder a venda". E as palavras de Winston Churchill[140], que certa vez anotei na minha agenda, martelavam a minha mente: "O sucesso é ir de fracasso em fracasso sem perder o entusiasmo". Naquela noite fui dormir pensando em um plano, ou pelo menos tentando encontrar um.

No dia seguinte, mais calmo, peguei o telefone, respirei fundo e liguei para o mercado:

— Alô. — Foi o dito cujo em pessoa que atendeu.

— É o senhor [...]. — Melhor ocultar o nome.

— Sim — ele respondeu.

— Aqui quem está falando é o Cleverson da empresa [...]. Ficamos sabendo que o senhor teve um pequeno problema com um dos nossos vendedores na data de ontem. Queria falar duas coisas bem rápidas com o senhor para não tomar muito seu tempo. Primeiro, queremos nos desculpar. Sabe como é: vendedor novo, começou agora. Queira nos desculpar pelo ocorrido. Em segundo lugar, queremos dar uma excelente notícia para o senhor, que é um ótimo cliente: estamos colocando este telefone à disposição do senhor 24 horas por dia, para que o senhor possa fazer seus pedidos diretamente conosco, sem precisar esperar a visita do vendedor. E temos, ainda, mais uma excelente notícia: na próxima compra daremos, somente para o senhor, um desconto especial de 2%.

Quem é do ramo alimentício sabe que produtos da cesta básica, como farinha de trigo, óleo, feijão, arroz etc., têm uma margem de lucro muito reduzida e qualquer desconto faz toda a diferença na briga de preços entre os concorrentes. Pois bem, o desfecho da história não é difícil de imaginar. O mercado continuou comprando o produto e eu, mesmo com uma porcentagem menor de comissão, e o melhor, sem precisar olhar para a cara daquele sujeito tosco, continuei vendendo para ele sem ele jamais saber que continuou comprando daquele "piá" que ele havia menosprezado.

Problemas e situações adversas sempre existirão. No entanto, a diferença entre o sucesso e o fracasso está exatamente na forma de agir, ou seja, no agir da melhor forma conforme as circunstâncias.

---

[140] Winston Churchill (1874–1965): político britânico. Foi ministro da Guerra e Ministro da Aeronáutica e primeiro-ministro inglês por duas vezes. Jornalista e escritor. Recebeu o Prêmio Nobel de Literatura e a cidadania honorária dos Estados Unidos.

AS BOLAS CORTADAS DO GATO: REFLETINDO AS ORGANIZAÇÕES

No caso do sapo *coach* (mundo ideal e da fantasia) a melhor estratégia foi esconder a peteca. No meu caso (mundo real e imperfeito) a melhor estratégia foi "me esconder". Ou melhor, esconder o piá.

A partir do momento em que recebi o "não" do proprietário do mercado eu poderia ter tentado forçar a venda, me opondo de forma equivocada àquela circunstância. Ao tentar forçar a venda eu estaria sendo persistente? Não necessariamente. Existe uma linha tênue que separa a persistência da insistência, e a falta de clareza do significado dessas duas expressões, aparentemente iguais, pode resultar em tolice, como vimos no capítulo 13.

Para o sapo *coach* a melhor estratégia foi esconder a peteca. A minha melhor estratégia foi esconder o *piá*. Qual será a sua melhor estratégia?

Não basta ter um bom plano. É preciso considerá-lo como uma carta de intenções dentro da realidade, que é incerta, e procurar aplicá-la de forma eficaz, reavaliando constantemente o cenário. Mas lembre-se que planos podem falhar, e como cartas de intenções eles são eficientes apenas em suas intenções. É a aplicação eficaz que determinará seu sucesso, ou ao menos aumentará sua probabilidade de sucesso.

E como se aplica um plano de forma eficaz? Sendo criativo, adaptando-se ao ambiente e sendo estratégico.

REFORÇANDO O CAPÍTULO

- Nem todo cururu é bobo, trouxa. Não se engane com as aparências.

- Mesmo que não queiram sua presença, lembre-se: nem tudo está perdido.

- Dependendo da ocasião, esconda a peteca... ou o piá.

- Mesmo sendo um *coach* com várias especializações, talvez no final seja aquela lição de filosofia sobre Maquiavel, aprendida no ensino médio, que fará a diferença entre ser um sapo ou um girino.

PARA REFLEXÃO

- O que me impede de analisar melhor as situações antes de tomar decisões? O que posso fazer para mudar essa situação?

15

BOLAS CORTADAS

Malandro é o cara
Que sabe das coisas
Malandro é aquele
Que sabe o que quer.

(José Bezerra da Silva)

Ainda estava quente, estirado no asfalto frio, daquela tarde cinza e gelada. Um miado e a frenagem, mas já era tarde, seu coração já não batia.

Juntei o pequeno corpo sem vida. Apertei junto ao rosto sentindo os pelos, tentando em vão escutar o delicioso ronronar que tanto acalmava meu coração. Que aperto no peito. O pior de todos os sentimentos: o da impotência, de não poder fazer nada. Quem vai roçar minha perna pedindo comida? Quem vai deitar aos meus pés na cama?

Antes que meu filho visse, coloquei no banco de trás do meu carro e saí sem rumo procurando um lugar digno para enterrar. A ideia era dizer que nosso gato havia sumido.

Toda noite por volta das 23 horas ele sumia, era como se evaporasse. Eu procurava debaixo das camas, atrás das portas, até dentro do guarda-roupa e nada.

Nunca gostei de gatos. Não até os 43 anos. Na verdade, não é que não gostasse, eu achava que não gostava. Talvez seja porque desde criança ouvia minha mãe dizer: "Gato é muito nojento, solta pelos, sobe em cima das coisas".

Mas tudo mudou com a chegada dele, que logo de início gostou de mim, e eu, de forma inexplicável, gostei dele. Amor à primeira vista, vamos assim dizer.

Como marinheiro de primeira viagem li bastante sobre gatos e conversei com uma veterinária; e tão logo foi possível, o coitado teve seu primeiro trauma na vida: foi castrado. Não me orgulho nem um pouco disso. Para aquele ato brutal, creio que somente quem teve as bolas cortadas deve saber quão terrível deve ser. No entanto a covardia com o pobre bichano, segundo a veterinária, faria o gato mais caseiro, o que de certa forma facilitaria nossa vida. Mas não foi exatamente o que aconteceu.

Alguns dias após a castração, por volta das 23 horas, o bicho continuava sumindo sem deixar rastros, e ideias absurdas povoavam minha mente: "será que as bolas não foram totalmente retiradas?", me fazendo rir sozinho, parecendo um bocó.

Minha esposa geralmente dormia antes das 22 horas, relativamente cedo se comparado a mim, que não vou para a cama antes das 2 horas da manhã.

E o gato, a que horas dormia?

Isso pouco importa. A questão é que o gato sempre saía de casa quando minha esposa já estava dormindo, e por isso ela acreditava que o gato era um ser, digamos assim, puritano, seletivo, que não saía para a balada.

Quando chegava perto das 6 horas da manhã, antes da minha esposa acordar, o gato chegava com cara de quem passou a noite na farra, apesar de muitos dizerem que o gato, diferente dos cães, tem sempre a mesma cara.

Lembro de diversas vezes no café da manhã minha esposa comentar: "Veja como o gato é educadinho". Nunca entendi a expressão "educadinho", mas acho que ela queria dizer que o gato era diferente dos outros, que só ficava em casa; mal sabia que ele era o *Don Juan* de pelos, um boêmio que só voltava no raiar do dia seguinte. Minha esposa ainda completava: "Ele dorme o dia inteiro, que bênção, parece um anjinho". Não sei se a expressão "anjinho" também era apropriada. É claro que o bicho dormia o dia todo, pois passava a madrugada na folia. Na igreja creio eu que não era.

Mas o que quero dizer, e que é o mais importante, é que o puritano, seletivo, educadinho, era na realidade um malandro. Pensando bem, que mal tinha? Afinal essas questões morais de conduta só cabem no universo dos humanos, e não no dos felinos, correto?

Essa história do gato contei em uma aula quando discutíamos os impactos positivos e negativos de publicações pessoais em redes

AS BOLAS CORTADAS DO GATO: REFLETINDO AS ORGANIZAÇÕES

sociais. Nesse dia distribuí a letra da música "Malandro é malandro e mané é mané" do grande cantor e compositor brasileiro José Bezerra da Silva (1927–2005) e arriscamos cantar um pouco.

Agora que já contei um pouco da vida do meu gato, vamos imaginar sua vida dupla. Vamos imaginar que meu gato desempenhava dois papéis distintos em sua vida: o do gato/gato e o do gato/boêmio.

O primeiro papel desempenhado de gato/gato é aquele que minha esposa conhecia, ou seja, meigo, dormia o dia inteiro; enfim, o tipo de gato que todo dono espera que seja: um gato. Nada de anormal por enquanto.

O segundo papel desempenhado era o do gato/boêmio, que minha esposa não conhecia, que pelo menos não conhecia até agora. Que saía de casa às 23 horas e chegava às 6 horas da manhã sabendo-se lá com quem andou e o que fez; enfim, atitudes provenientes de uma vida descompromissada de gato solteiro.

A exemplo dos humanos, pelo menos do ponto de vista de dono do malandro peludo em questão, os gatos desempenham diferentes papéis no meio em que vivem. Digo isso porque vi por diversas vezes, na madrugada, meu gato passar na rua com outros, parecendo o líder da gataria. Um gato bem diferente daquele meigo e dorminhoco que tínhamos dentro de casa.

De uma forma ou de outra, todos que trabalham com vendas são pessoas públicas e estão submetidas ao julgamento dos clientes. E esse julgamento ultrapassa o limite da mera apreciação dos produtos e serviços e chega até a imagem do vendedor enquanto pessoa. Se me perguntarem se acho isso justo, prefiro devolver a indagação para que cada um faça seu julgamento.

Escutei diversas vezes vendedores relatarem que clientes deixaram de comprar sem qualquer explicação, e toda vez que escutava isso eu perguntava: "Você como vendedor se considera uma pessoa pública?". E quase todas as respostas eram: "Sim, acho que sim".

Não estou dizendo que todos os clientes que deixam de comprar sem qualquer razão o fazem por causa de publicações em redes sociais. Alguém pode dizer: "Isso é uma tremenda bobagem, isso não existe". Lamento informar, mas isso está se tornando cada vez mais comum. Nos processos de seleção em empresas, por exemplo, os recrutadores vasculham as redes sociais dos candidatos.[141] E você acha que na relação vendedor/cliente é muito diferente?

Se você é um famoso cantor de rock ou um ator de cinema, parabéns. Pois até mesmo um escândalo na vida privada, uma vez ou outra, pode ajudar a alavancar sua carreira. Mas se esse não é o seu caso, tome cuidado. Vendedores, diferentemente dos astros do rock e do cinema, são pessoas públicas que têm um nome e uma imagem a zelar perante os clientes.

Meu gato, como um genuíno malandro, desempenhava de forma impecável seu papel de gato/gato em casa. É verdade que ele tinha uma vida desregrada na madrugada. No entanto, em casa seu papel de gato/gato era exemplar. Não tínhamos do que reclamar. E o mais importante: sua vida boêmia era discreta. Não saía por aí tirando selfies e publicando em redes sociais conteúdos desrespeitosos que pudessem conflitar com outros felinos.

Quando falei sobre as selfies do gato é claro que os alunos caíram na gargalhada, mas entenderam exatamente o que eu estava querendo dizer. E continuei.

Todas as vezes que escuto a parte da música que diz:

> Malandro é o cara
> Que sabe das coisas,
> Malandro é aquele
> Que sabe o que quer

Reverencio o eterno mestre do samba José Bezerra da Silva (1927–2005) e me lembro do meu gato, aquele ser peludo que para minha sorte o universo trouxe até mim. Que me ensinou muitas coisas que não convém aqui mencionar, mas em se tratando de negócios me ensinou que quem vende, independentemente do quê, precisa ser discreto e cuidar de sua imagem. Que me ensinou que as redes sociais escancaram a privacidade de todos e que, por isso, submetem de forma inconsciente a ideia de que temos por obrigação compartilhar tudo que fazemos e somos.

---

[141] Não estou dizendo que acho isso correto.

Portanto, meus caros, não sejamos manés, mas sim sejamos malandros.

Malandros no bom sentido, ou seja, discretos, inteligentes, que sabem das coisas e que sabem o que querem.

REFORÇANDO O CAPÍTULO

- Se alguém falar que gato solta pelos e que sobe em cima das coisas, acredite, é verdade.

- No caso do amor à primeira vista com cães e gatos, diferente do amor à primeira vista com humanos, seu coração só será "partido" quando eles "partirem". Cães e gatos são fiéis, cada um do seu modo.

- Somente quem teve as bolas cortadas deve saber quão terrível deve ser o ato.

PARA REFLEXÃO

- Qual é a imagem que vendo para o mundo nas redes sociais?

- Será que minhas publicações nas redes sociais me farão me sentir arrependido daqui a cinco ou dez anos? Lembrando que, mesmo que eu largue o livro agora e saia correndo para apagar, alguém já pode ter tirado um *print*? (Caso essa história de *prints* esteja começando a te incomodar, lamento: você está lascado.)

- Em se tratando de redes sociais: sou mais do tipo malandro, ou sou mais do tipo mané?

16

NEM TODOS QUEREM IR PARA O CÉU

O inferno está repleto de boas vontades ou desejos.

(São Bernardo de Claraval)

Esta é a versão mais recente.

Dirceu era reconhecido por seus colegas de trabalho como um vendedor nota 10. Durante seus 20 anos de empresa sempre adorou o contato com os clientes.

Certa vez um dos diretores chamou os colaboradores da área de vendas e anunciou: Dirceu havia sido promovido a supervisor. Todos nutriam respeito e admiração por ele e, segundo o diretor, era um reconhecimento mais que merecido. A partir daquele dia Dirceu teria uma sala exclusiva e não precisaria mais atender clientes. Mas, para espanto de todos, o vendedor nota 10 não disse uma única palavra, ficou calado e, a partir daquele dia, nunca mais foi o mesmo: sempre cabisbaixo, ombros caídos, apático... não era mais o mesmo. Poucas semanas depois, Dirceu pediu demissão e nunca mais foi visto.

Quatro anos depois, o diretor da empresa que havia promovido Dirceu veio a falecer.

Chegando às portas do céu, o diretor foi recebido por um anjo que disse:

— Como foi um homem justo e fiel, seu lugar está reservado. Todos neste setor são seres evoluídos, e você terá de imediato três benefícios: não terá contato direto com os seres menos evoluídos do purgatório, terá uma sala exclusiva, e ainda poderá descer até o inferno e dar uma espiada por duas horas antes de tomar seu assento definitivo aqui no céu. Mas atenção! Se não retornar em até duas horas vamos respeitar sua decisão e você passará a eternidade no inferno.

AS BOLAS CORTADAS DO GATO: REFLETINDO AS ORGANIZAÇÕES

Como não tinha nada a perder, e como sua vaga no céu estava garantida, pegou o primeiro elevador e desceu até o inferno.

Lá chegando avistou um homem nas portas do inferno que não lhe era estranho e, ao se aproximar, o diretor reconheceu: era o Dirceu.

— O que você faz aqui? — perguntou o diretor.

— Quando eu estava na Terra, senhor diretor, eu adorava ser vendedor. Gostava do contato com os clientes, mas depois que o senhor me promoveu a supervisor entrei em depressão, fiquei muito doente e acabei morrendo de desgosto.

— Sinto muito — disse o diretor. — Mas não te perguntei do que você morreu. Te perguntei como veio parar aqui. Jamais pensei que encontraria você no inferno. Como veio parar aqui? — perguntou surpreso o diretor.

— Quando cheguei — disse Dirceu — fui levado para as portas do céu e fui recebido por um anjo que disse: "Como foi um homem justo e fiel, seu lugar está reservado. Todos neste setor são seres evoluídos, e você terá de imediato três benefícios: não terá contato direto com os seres menos evoluídos do purgatório, terá uma sala exclusiva, e ainda poderá descer até o inferno e dar uma espiada por duas horas antes de tomar seu assento definitivo aqui no céu. Mas atenção! Se não retornar em até duas horas vamos respeitar sua decisão e você passará a eternidade no inferno". Como não tinha nada a perder e como minha vaga no céu estava garantida — continuou Dirceu —, resolvi descer até aqui no inferno para dar uma olhada. Chegando aqui o porteiro, que era um senhor de idade bem avançada, me levou para conhecer o lugar. Durante a visita ele se interessou muito por mim, por causa do meu currículo e da minha experiência com vendas e atendimento ao cliente. Disse que estava se aposentando e que a vaga de porteiro do inferno estaria disponível. Disse que o salário não era grande coisa e que o local era um pouco abafado, mas que era possível ter contato direto com os clientes que chegavam e, por isso, o tempo passava mais rápido. Então não pensei duas vezes e aceitei o convite. Fiquei no lugar dele e aqui estou até hoje como porteiro do inferno — finalizou Dirceu com um largo sorriso no rosto.

O diretor ficou indignado com tamanha falta de juízo por parte de Dirceu. Então iniciou um eloquente discurso enaltecendo as qualidades de Dirceu. Segundo o diretor, Dirceu era muito qualificado e não tinha cabimento ficar recepcionando as pessoas que chegavam no inferno. A intenção do diretor era boa. Ele queria convencer Dirceu a entrar com um recurso junto aos arcanjos e querubins para intercederem junto ao "chefe", para abrir uma exceção e receber novamente Dirceu no céu. Mas não teve jeito. Dirceu queria mesmo era ficar no inferno.

O diretor, em vida, nunca aceitou ser contrariado. E, assim, ficou horas tentando convencer Dirceu. Passado muito tempo e sem conseguir persuadir Dirceu, o diretor acabou desistindo. Se despediu contrariado e dirigiu-se ao elevador para subir ao céu. Mas algo estava errado: a porta do elevador não abria. Após inúmeras tentativas pensou: "Nem o elevador funciona no inferno". Quando estava quase desistindo e buscando as escadas como alternativa, eis que finalmente a porta se abre: o interior do elevador encontrava-se terrivelmente escuro e um cheiro de podridão empesteou rapidamente o local. Saindo das profundezas da escuridão do elevador surge uma imagem horrenda: uma criatura de rabo, garras e chifres enormes. A besta segura com violência o diretor e o arrasta em direção ao interior do inferno.

Enquanto é arrastado o diretor luta em vão e seus gritos e choro são ouvidos até mesmo pelo príncipe das trevas, que, sentado em seu trono majestoso, se deleitava com a agonia do diretor, que bradava sem parar: "Me solte, houve um mal-entendido, me solte". Da boca fétida da criatura, com dificuldade se ouvia repetidamente: "Sua hora acabou, sua hora acabou".

Com braços e pernas enfraquecidos de tanto esforço em vão que fazia, a voz do miserável diretor era só rouquidão. Com a roupa encharcada de suor, continuava e, desfalecendo, apenas sussurrava: "Eu só queria ajudar o Dirceu, eu só tinha boas intenções, me solte, eu só tinha boas intenções". Foi quando o diretor, já com sua visão turva, avistou com dificuldade várias portas, cada uma delas com uma inscrição diferente. Antes da criatura jogá-lo em uma das portas, o diretor conseguiu ler a inscrição da porta, que dizia: "Boas intenções".

E foi assim que surgiu a expressão, numa versão mais recente: "de boas intenções, em uma de suas portas, o inferno está cheio".

A HISTÓRIA POR TRÁS DA HISTÓRIA

Parte da história da promoção do vendedor Dirceu é verídica, e foi contada por um aluno na universidade. Desde então, venho repetindo e contando essa história em sala de aula. No entanto o nome Dirceu foi alterado para preservar a privacidade do fulano e foram incluídas, por mim, evidentemente, as partes do seu falecimento, do céu e do inferno.

VAMOS CONVERSAR

Existe certa preocupação das organizações no momento do recrutamento e seleção dos colaboradores. De forma geral a seleção busca equalizar entre aquilo que a organização quer (em termos de perfil e competências dos potenciais colaboradores) e aquilo que realmente os candidatos têm e buscam nas organizações. O recrutamento e a seleção fazem parte do chamado processo de agregar pessoas. Mas existem ainda os processos de: recompensar, desenvolver, manter, monitorar e desligar pessoas.

A questão que lanço aos alunos todas as vezes que conto a história do Dirceu é a seguinte: Quantos outros "Dirceus" estão pedindo demissão porque não se dá a devida atenção aos processos de desenvolvimento dos colaboradores?

Promover um colaborador de forma equivocada em detrimento de outro, que tem todas as habilidades necessárias e está disposto a assumir o novo cargo, por exemplo, pode acarretar sérios problemas para a organização, como é o caso da perda de bons profissionais.

Dirceu nunca deveria ter sido promovido a supervisor, ele deveria ter permanecido como vendedor, que era sua vocação e paixão. O fardo de ser supervisor resultou para ele em algo impossível de ser superado, tanto é que o verdadeiro Dirceu, após a promoção, ficou desmotivado e pediu demissão. E o Dirceu da ficção morreu e chegou a preferir o inferno.

O processo de desenvolvimento de pessoas, que tem como um dos objetivos o planejamento de carreiras, deve levar em consideração tanto as necessidades da organização quanto dos colaboradores. Já o processo de desligamento é tão importante quanto os demais processos e, infelizmente, muitas organizações não dão sua devida atenção.

Para Boris Groysberg, professor de Comportamento Organizacional da Harvard Business School, em seu artigo intitulado "Making exit interviews Count",[142] entrevistas de desligamento bem elaboradas e conduzidas podem catalisar as habilidades de escuta de líderes, revelar o que funciona ou não na organização, destacar desafios e oportunidades. Podem, ainda, promover o engajamento e melhorar a retenção de talentos, sinalizando, inclusive, aos funcionários que seus pontos de vista são importantes. E isso vale para todas as organizações, independentemente do porte.

Segundo meu aluno, após a saída do verdadeiro Dirceu, a forma de se fazer a entrevista de desligamento na empresa mudou, a organização repensou toda sua política de desenvolvimento de pessoas e o plano de carreira foi totalmente reformulado, mas já era tarde: o verdadeiro Dirceu já havia saído da empresa e sumido, desaparecido.

E o Dirceu fictício?

Bom, esse ficou doente, morreu, foi para o fogo ardente, virou porteiro do inferno e funcionário do capiroto.

E o diretor fictício?

Já esse pobre coitado nos deixa uma importante lição: caso deixem você espiar os espaços do "além-vida", lembre-se: o céu e o inferno são organizações supercomplexas e com regras, a exemplo de muitas empresas na Terra. Portanto, respeite as normas, respeite horários e em hipótese alguma se atrase. Esse detalhe poderá fazer toda a diferença para você por toda a eternidade.

REFORÇANDO O CAPÍTULO

- Nem todo vendedor tem vocação para ser supervisor. E, acredite, nem todo vendedor quer ser supervisor.

- O conceito de céu e inferno é subjetivo. Logo, nem todos querem ir para o céu.

---

[142] Disponível em: https://hbr.org/2016/04/making-exit-interviews-count. Acesso em: 25 nov. 2022.

PARA REFLEXÃO

- A organização dá a devida atenção ao processo de desligamento tanto quanto ao processo de recrutamento e seleção? Em caso negativo, quais medidas podem ser tomadas para mudar essa situação?

- Os processos de agregar, aplicar, recompensar, desenvolver, manter e monitorar pessoas são constantemente reavaliados? Em caso negativo, quais medidas podem ser tomadas para mudar essa situação?

- Me sinto um "Dirceu" desmotivado na organização? Em caso afirmativo, o que preciso fazer para mudar essa situação?

OUTRO MAL DO SÉCULO?

Nós somos o que fazemos repetidamente.
A excelência, então, não é um ato, mas um hábito.

(Aristóteles)

Faltava pouco mais de uma hora para Marta chegar com as crianças da escola. Quando Marcos colocou as chaves do carro em cima da mesa da cozinha, viu um bilhete com a letra da esposa:

Marcos, apesar de muito ocupado, você sempre acha tempo pra mim. Apesar de não falar, sinto que se preocupa comigo. Sinto que me deseja a todo instante. Você sempre me toca. Quando seus dedos me tocam, sinto a leveza da sua pele. Sinto prazer. Você é meu dono e sei que você me deseja. Formamos uma dupla perfeita de desejos: você e eu. Não vejo a hora de sentir novamente seu toque. De sentir as pontas dos seus dedos. Sei que você me quer. Suba as escadas. Estou te esperando.

Já excitado, Marcos subiu imediatamente para o quarto. Lá chegando, encontrou outro bilhete. Agora em cima da cama:

Assinado: Seu Smartphone.
Marcos, teu smartphone chegou do conserto e está em cima da mesa do escritório. Aproveite bastante essa merda, pois não largas dele um minuto quando estás em casa. Vou pegar as crianças na escola e vamos passar a noite na casa da mãe. A Lúcia acabou de chegar de Porto Alegre e quero aproveitar pra colocar a papo em dia com a mana. Beijinhos, Marta. Obs.: Tem pizza de ontem no micro-ondas.

AS BOLAS CORTADAS DO GATO: REFLETINDO AS ORGANIZAÇÕES

Segundo um colega muito gozador, após alguns anos de casamento, afogar o ganso, molhar o biscoito, escalar, cozinhar a salsicha, agasalhar o croquete, repartir a peruca, amassar o capô do fusca, bater a bisteca, fazer fuqui-fuqui se faz apenas uma vez por semana. Lembro que quando escutei isso, outro colega que estava junto deu uma tremenda gargalhada e disse: "Puta que pariu, e o grupo daqueles que fazem uma vez por mês? Nem entrei na estatística. Que porcaria de pesquisa é essa?".

Marcos, provavelmente, fazia parte do seleto grupo daqueles que fazem uma vez por mês. Coitado ou não, o fato é que nosso personagem é uma vítima, um refém da chamada dependência digital.

Mas, afinal, o que é o smartphone?

É um termo em inglês que significa telefone inteligente. É o parente mais novo de uma linhagem de celulares que equivale a um pequeno computador com inúmeras funções e aplicativos.

Quais são as vantagens do smartphone?

Além de fazer ligações, função essa que ficou relegada a segundo plano, esse incrível equipamento permite se conectar com o mundo por meio da internet, receber e enviar mensagens e ainda carregar quase que um miniescritório com agendas e quantos aplicativos quiser armazenar.

Já ouvi absurdos do tipo: "os smartphones são o novo mal do século, os smartphones viciam as pessoas". Não que não concorde em partes, mas alguns dos que o dizem são os mesmos que num passado não muito distante falavam que a televisão era o mal do século e que viciava as pessoas, principalmente as crianças. A diferença é que essas mesmas pessoas que se referiam à televisão, hoje, ao falarem dos smartphones, também estão conectadas, grudadas e, por que não dizer, algumas até viciadas nesses aparelhos. Talvez, em termos, isso tenha se materializado e potencializado devido a uma relação que antes era totalmente passiva para uma relação ativa por meio da interação homem *versus* tecnologia. As sábias palavras de Paracelso[143] de que somente a dose correta diferencia o veneno do remédio me levam a parafraseá-lo e dizer que somente o uso correto do smartphone diferencia o vício do benefício. E a história está repleta de exemplos.

---

[143] Paracelso (1493–1541) foi um médico, alquimista e filósofo suíço. Revolucionou a medicina de seu tempo ao enunciar alguns dos princípios que seriam resgatados no século XIX.

Mas, afinal, quem determina a dose?

Ora, é o próprio homem. No entanto, a questão não é tão simples assim, como veremos.

Caso tivéssemos uma máquina do tempo e pudéssemos nos transportar para um auditório lotado de pessoas há quarenta anos, por volta de 1980, e fizéssemos a seguinte pergunta para a plateia: "Quem daqui vive sem celular?", qual você acha que seria a reação das pessoas? Arriscaria dizer que a reação de boa parte da plateia seria de indiferença e talvez muitos nem soubessem do que se tratava o tal celular.

Apesar da tecnologia necessária para criar um celular remontar ao ano de 1956, do celular ter sido inventado no ano de 1973, ter começado a funcionar em 1983 nos EUA, e no Brasil ter sido lançado somente em 1990, independentemente dos detalhes históricos, o fato é que há quarenta anos as pessoas viviam muito bem sem o celular. Parece incrível, mas é a mais pura verdade.

Vamos embarcar novamente em nossa máquina do tempo, retornar para 2024 e fazer a mesma pergunta em um auditório qualquer lotado de pessoas: "Quem vive sem celular?". Agora me diga: Qual você acha que seria a reação das pessoas?

Certa vez, em sala de aula, olhei para uma aluna que estava sentada na primeira fileira (quem se senta na primeira fileira sempre está à mercê dessas inconveniências), e perguntei se ela viveria sem o celular. Rapidamente, como num piscar de olhos, ela respondeu que não; então pedi que os demais alunos aplaudissem. Na sequência, olhando para sua mão esquerda e, vendo a aliança, me dirigi **à** mesma aluna e perguntei se ela viveria sem o marido. Sua voz demorou um pouco para sair, mas também respondeu que não (apesar da expressão dizer outra coisa). Olhei para a turma e disse: "Vocês notaram o que aconteceu aqui?". E, é claro, os alunos caíram na gargalhada.

O que isso quer dizer?

Que criamos uma necessidade tecnológica e com o passar do tempo relegamos a ela uma prioridade com grau diferente para cada pessoa.

Alguém pode estar pensando: "As pessoas que não priorizam o smartphone são justamente aquelas que não são ligadas em tecnologia". Lamento informá-lo, mas você está enganado.

Em 2010 um jornalista do *The New York Times* fez a seguinte pergunta para Steve Jobs[144]: "Seus filhos devem adorar o iPad, não é verdade?". E a resposta pouco esperada foi: "Não o usaram, nós limitamos a quantidade de tecnologia que as crianças podem usar em casa".

Apesar da resposta ser estranha para a maior parte das pessoas, na verdade ela só comprova quão brilhante era a mente de Steve Jobs. Para ele estavam muito claros os malefícios do uso desenfreado e ininterrupto da tecnologia e suas consequências e possíveis riscos de vício. Como disse Rubem Alves, "há casas que emburrecem e há casas onde a inteligência pode florescer".[145] Steve Jobs que o diga.

Colocadas as primeiras questões, voltemos ao nosso personagem Marcos. Mas, afinal, Marcos tem dependência digital ou apenas usa de forma abusiva a tecnologia?

Como se trata de um personagem imaginário, vamos supor duas situações hipotéticas para ele: na primeira situação Marcos já apresenta sinais claros de dependência digital; e na segunda Marcos apenas usa de forma abusiva a tecnologia. Lembrando que somente um profissional qualificado poderá dar o diagnóstico da presença ou não de dependência.

Primeira situação hipotética:
Marcos apresenta sinais de dependência

Após o episódio inusitado do bilhete escrito por sua esposa, Marcos refletiu sobre suas atitudes e constatou que:

- usa o smartphone durante conversas presenciais com amigos e familiares;

---

[144] Steve Jobs (1955–2011) foi um empresário norte-americano, fundador da Apple. Criou o Macintosh, o iPod, o iPhone e o iPad. A Apple revolucionou a indústria de computadores pessoais, os filmes de animação, o mundo da música e dos telefones celulares.

[145] ALVES, R. **As melhores crônicas de Rubem Alves**. 4. ed. Campinas, SP: Papirus, 2012, p. 34.

- usa o smartphone durante situações (reunião, aula, momento de lazer etc.) na qual o aparelho não é permitido ou não é conveniente;

- sente irritação ou ansiedade quando não está com o smartphone;

- sente que é o fim do mundo se a bateria do smartphone está acabando e não consegue achar o carregador;

- sente preocupação de perder alguma informação quando não está com o smartphone.

O que está acontecendo com Marcos?

Esses sintomas, aparentemente, são de pessoas que podem estar desenvolvendo a chamada *nomofobia*. É muito importante destacar, mais uma vez, que somente um profissional qualificado pode dar o diagnóstico correto, pois esses sintomas associados a outros podem indicar outros tipos de problemas.

O termo *nomofobia* surgiu, segundo a Organização Mundial de Saúde (OMS), no Reino Unido e se origina da expressão *no-mo* ou *no-mobile*, que em tradução livre significa "sem celular".

Conforme um artigo[146] publicado em 2020 por pesquisadores de universidades da Alemanha, Itália e Suíça, constatou-se, pela ressonância magnética em pacientes, que o uso desenfreado do smartphone ocasionou considerável diminuição da massa cinzenta do cérebro, idêntica ao uso de cocaína. Segundo o mesmo artigo, o termo *dependência de smartphone* (SPA) foi introduzido para descrever o comportamento viciante relacionado ao smartphone e o comprometimento físico e psicossocial associado.

Diversos outros estudos apontam que o uso excessivo do smartphone pode: atrapalhar relacionamentos, sejam eles pessoais ou profissionais; roubar o tempo; fazer a pessoa viciada ignorar outras pessoas

---

[146] HORVATH, J. *et al.* Structural and functional correlates of smartphone addiction. **Addictive Behaviors**, v. 105, jun. 2020. Disponível em: https://www.sciencedirect.com/science/article/pii/S0306460319313802#!. Acesso em: 15 jan. 2023.

AS BOLAS CORTADAS DO GATO: REFLETINDO AS ORGANIZAÇÕES

em função do aparelho, o chamado *phubbing*[147]; causar acidentes de trânsito; potencializar a procrastinação e o excesso de informação.

Leia as afirmações a seguir e tente responder rapidamente do que se trata, sem pensar muito:

- dorme com ele e acorda com ele;

- faz as refeições com ele;

- investe tempo e dinheiro nele;

- se desespera na falta dele;

- não vive sem ele;

- morre de ciúmes dele.

Do que se trata?

Se você pensou se tratar de alguém apaixonado por seu companheiro, errou feio. É sobre alguém perdidamente, totalmente e deliberadamente conectado ao seu smartphone. E foi mais ou menos nesses termos que certa vez um aluno me disse: "Professor, meu primo perdeu a mulher dele para o celular".

No momento achei aquilo engraçado e pensei: "O sujeito perder a esposa para outra pessoa já é complicado, imagina perder para o celular, esse sujeito deve ser um mala".

Ele contou, e então percebi a seriedade e gravidade do fato, que a esposa do primo já havia tido problemas com álcool e que, por causa da abstinência, segundo o médico, o cérebro para compensar levou a criar outro tipo de dependência: a digital. Segundo ele o vício era tanto que seu primo, ao chegar em casa depois do trabalho, sempre encontrava a filha de 4 anos faminta e suja, e a esposa conectada no smartphone como que, nas palavras dele, desconectada da vida.

Evidentemente que esse é um caso extremo e é mais comum escutarmos: esqueço o fogão ligado por causa do celular; não consigo mais cumprir as metas porque checo as redes sociais a todo instante; me atraso nos compromissos; perco horas no banheiro olhando o aparelho;

---

[147] *Phubbing*: expressão que é a conjunção das palavras *phone* (telefone) e *snubbing* (esnobar), usada quando alguém ignora as pessoas por causa do celular.

meu filho não larga um minuto do celular etc. O que essas e tantas outras situações têm em comum? O uso desenfreado do smartphone.

Mas, afinal, o que aconteceu com nosso personagem Marcos na primeira situação hipotética, onde ele apresentava sinais de dependência?

Após o ocorrido com o bilhete Marcos refletiu a respeito e teve uma longa conversa com sua esposa sobre quão frágil estava a relação dos dois. Nesses momentos o apoio da família é importante. E Marcos prometeu moderar em casa o uso do aparelho. No entanto, passados alguns dias nada mudou e as discussões entre o casal retornaram. Foi então que Marta teve uma ideia: conversar com o cunhado que havia tido problemas com álcool para convencer Marcos a procurar ajuda profissional.

A ideia surtiu efeito e Marcos, reconhecendo que não conseguia sozinho moderar o uso do smartphone, disse para sua esposa que iria procurar ajuda profissional e iniciar, se fosse o caso, um tratamento, e assim o fez. Após ser diagnosticado com dependência, Marcos fez um tratamento de desintoxicação digital e hoje vive muito bem com a esposa e filhos.

Segunda situação hipotética:
Marcos usa de forma abusiva a tecnologia

Com o fogo podemos nos aquecer, cozinhar os alimentos e proporcionar uma infinidade de benefícios, mas, por outro lado, podemos causar dor a outro ser humano e até mesmo levar à morte.

Se perguntarmos para algumas pessoas quem descobriu a energia elétrica, é bem provável que a grande maioria vá se lembrar de Benjamin Franklin[148], em parte devido ao famoso experimento conduzido por ele empinando uma pipa com um fio de metal conectado a uma chave e a um acumulador de carga elétrica. No entanto, até onde se sabe, a história da eletricidade remonta a desde o filósofo grego Tales

---

[148] Benjamin Franklin (1706–1790) foi um diplomata, escritor, jornalista, filósofo, político e cientista norte-americano. Assinou três documentos principais na criação dos Estados Unidos: a Declaração da Independência, o Tratado de Paz e a Constituição. Fundou na Filadélfia uma Academia que mais tarde se transformou na Universidade da Pensilvânia. Como cientista, investigou e interpretou o fenômeno elétrico da carga positiva e negativa, estudo que levou mais tarde à invenção do para-raios.

de Mileto[149], passando por vários nomes como: Otto von Guericke, Stephen Gray, Ewald Georg von Kleist, Petrus van Musschenbroek, Luigi Aloisio Galvani, Alessandro Volta e tantos outros.[150]

Se podemos nos beneficiar da energia elétrica, é graças a todos esses cientistas e talvez tantos outros anônimos que investiram seu tempo. Arrisco aqui dizer, por minha conta e risco, que não deve ter passado pela cabeça de nenhum desses nobres senhores usar a eletricidade para matar um ser humano. No entanto, no dia 6 de agosto de 1890, em Nova Iorque, a eletricidade matou Willian Kemmler[151], o primeiro homem a ser eletrocutado na cadeira elétrica.

A controvérsia é enorme se foi Santos Dumont em 1906 ou foram os irmãos Wright em 1903 que inventaram o avião, mas arrisco também dizer que não passou pela cabeça de nenhum deles que quatro décadas depois sua invenção pudesse ser usada para transportar as bombas atômicas que matariam cerca de 240 mil pessoas nas cidades de Hiroshima, em 6 de agosto de 1945, e Nagasaki, em 9 de agosto de 1945, na Segunda Guerra Mundial.

O fogo não é ruim, mas a forma com que o empregamos irá diferenciar se será para o bem ou para o mal. Podemos nos beneficiar da eletricidade, mas ao mesmo tempo podemos fritar uma pessoa.

Se antes o homem levava dias, semanas e até meses em uma viagem de barco, com o avião é possível fazer a mesma viagem em poucas horas; mas também é possível, se assim quiser, transportar armas e bombas mortais.

---

[149] Tales de Mileto (624–558 a.C.): filósofo, matemático e astrônomo grego, considerado um dos mais importantes representantes da primeira fase da filosofia grega, chamada de Pré-Socrática ou Cosmológica. Nasceu em Mileto, antiga colônia grega da Ásia Menor, região da Jônia, na atual Turquia, por volta de 624 a.C. Acredita-se que começou sua vida como mercador, enriquecendo o suficiente para se dedicar ao estudo e realizar algumas viagens. Supõe-se que esteve no Egito, onde aprendeu geometria, e na Babilônia, onde entrou em contato com tabelas e instrumentos astronômicos. Sabe-se que Tales desempenhou funções políticas em sua cidade e que realizou trabalhos nas áreas da filosofia, geometria e astronomia.

[150] Humphry Davy, John Frederic Daniell, Georges Leclanché, Raymond-Louis-Gaston Planté, Hans Christian Örsted, Michael Faraday, James Clerk Maxwell, Heinrich Hertz.

[151] William Kemmler: foi a primeira pessoa a ser executada numa cadeira elétrica. Após ter assassinado a machadadas Tillie Ziegler, sua companheira, a 29 de março de 1889, Kemmler foi condenado à morte e executado em 6 de agosto de 1890, às 7 horas, na prisão Auburn, no estado de Nova Iorque.

A ideia de que as pessoas são responsáveis por aquilo que fazem, conhecida por alguns como livre julgamento, foi tema dos escritos de Santo Agostinho[152] por meio de sua obra intitulada *O livre-arbítrio*.

Para Agostinho, cabe ao homem a opção de aceitar ou rejeitar a bondade divina por meio de suas ações. Nessa linha de raciocínio nós somos o único animal, por isso racional, que tem a prerrogativa da liberdade de escolher, julgar, decidir e agir.

Fico indignado com certas expressões do tipo: "o fulano de tal come igual um cavalo". Ora, o cavalo come como deve comer, ou seja, como um cavalo. O coitado do animal não é dotado de liberdade para decidir e pensar, por exemplo, "hoje vou comer igual a um passarinho ou esta semana vou fazer regime".

Certa vez um professor me disse que uma aluna o estava tirando do sério porque passava a aula inteira mascando chicletes, como se estivesse ruminado igual uma vaca. Ora, pensei, a vaca rumina como deve ruminar, ou seja, como uma vaca (a vaca animal, é claro). De qualquer forma, se a vaca rumina ou não, isso é uma questão da natureza da própria vaca, ou seja, o pobre animal não é dotado de liberdade para decidir e pensar, por exemplo, "vou ter mais etiqueta à mesa ou vou começar a usar sutiã para esconder minhas tetas".

Comer muito ou pouco, mastigar com a boca fechada ou aberta, usar sutiãs ou não usar são convenções sociais que só e somente o ser humano dotado do livre-arbítrio pode fazer. Então deixemos os pobres animais irracionais livres de qualquer relação ética de certo ou errado, de bom ou ruim. Sejamos mais solidários com os pobres bichinhos.

Lembra daquela famosa fábula da águia e da galinha narrada por James Aggrey?[153] Para aqueles que não recordam, aqui vai um resumo.

Um camponês criou uma águia juntamente com algumas galinhas e com o tempo a águia estava se comportando como uma galinha. Depois de cinco anos o camponês recebeu a visita de um naturalista que, ao ver a águia, disse ao camponês que, apesar de ser criada como uma galinha, algum dia a águia voaria, pois era de sua natureza ser

---

[152] Santo Agostinho (354–430 d.C.): foi um filósofo, escritor, bispo e importante teólogo cristão do norte da África, durante a dominação romana. Suas concepções sobre as relações entre a fé e a razão, entre a Igreja e o Estado, dominaram toda a Idade Média.

[153] James Aggrey: intelectual, missionário e pedagogo, nasceu em 1875 na cidade de Anomabu, na antiga Costa do Ouro britânica, hoje Gana. Depois de emigrar para os Estados Unidos, onde estudou, Aggrey realizou várias missões por toda a África, vindo a falecer em Nova Iorque, em 1927.

AS BOLAS CORTADAS DO GATO: REFLETINDO AS ORGANIZAÇÕES

águia. Aí se inicia uma discussão e algumas tentativas frustradas por parte do naturalista ao tentar fazer a águia voar, até que na terceira tentativa a águia voa.

Pois bem, a referida fábula é bastante usada como uma mera história motivacional. No entanto, o que muitos não sabem é que a fábula da águia e da galinha tem uma riqueza de análises psicanalíticas no que se refere à infância e ao subconsciente. De forma resumida, a fábula traz à tona a questão, por exemplo, das situações vividas na primeira infância que acabam por influenciar e, por que não, determinar quem somos, nossos comportamentos, enfim, fazendo com que as experiências sejam internalizadas no nosso inconsciente.

Apesar de a análise filosófica de Santo Agostinho considerar que cabe ao homem a opção de aceitar ou rejeitar a bondade divina por meio do livre-arbítrio, esse mesmo livre-arbítrio é colocado à prova e, em alguns casos, contestado por outras correntes filosóficas como uma ilusão, como é o caso de Schopenhauer.[154] Da mesma forma, em outros campos do saber, como é o caso da psicanálise, Sigmund Freud[155] considerava ser praticamente impossível sermos livres das questões do inconsciente, ou seja, o chamado "determinismo psíquico". Como também dentro da perspectiva do materialismo histórico, por exemplo, não há a possibilidade de liberdade plena do homem frente às questões sociais, ou seja, o "determinismo de classe".

A velha questão filosófica a respeito do determinismo e do livre-arbítrio está muito longe de ser resolvida e talvez nem o seja. No entanto creio ser saudável, se não numa totalidade, acreditar num certo "livre-arbítrio limitado", vamos assim chamar. Crer num livre-arbítrio mesmo que limitado colabora no sentido de sermos pessoas melhores, de construirmos uma sociedade melhor, de repensarmos nossas ações e suas consequências para nós mesmos e para os outros.

O naturalista sabia que, mais cedo ou mais tarde, voltando à fábula da águia e da galinha, a águia iria voar, pois era de sua natureza voar. Para a águia não havia outra opção a não ser voar. Da mesma forma, não havia outra opção para as galinhas que ali estavam a não ser ficarem no chão ciscando. As galinhas não podem se dar ao luxo de em dado

---

[154] No ensaio *Sobre a liberdade da Vontade*, bem como em outros, Schopenhauer afirma que a liberdade consiste na simples ausência de toda e qualquer necessidade.

[155] Sigmund Freud (1856–1939) foi um médico neurologista e importante psicanalista austríaco. Foi considerado o pai da psicanálise, que influiu consideravelmente na psicologia social contemporânea.

momento começarem a voar como águias. É de sua natureza serem galinhas. Por outro lado, ao homem, é facultado pensar, decidir e agir conforme sua conveniência, no entanto, e apesar de toda a racionalidade, ele é o único entre todos os animais que é capaz de fazer mal para si próprio. Nem o cavalo, que para muitos, de forma equivocada, é sinônimo de estupidez quando lhe são atribuídas expressões como: "fulano é um cavalo de estúpido"; nem o cavalo é capaz, por exemplo, de tornar a própria água que bebe imprópria para seu próprio consumo; já o homem por sua vez contamina a água que bebe. A lista é grande se formos enumerar os vários exemplos de animais que, além de não se permitirem se envenenar, seja pela água ou pela comida, são também em muitos casos melhores genitores que o próprio homem.

Mas, afinal, o que aconteceu com nosso personagem Marcos na segunda situação hipotética, onde ele usava de forma abusiva a tecnologia?

Após o ocorrido com o bilhete, Marcos refletiu a respeito e teve uma longa conversa com sua esposa sobre quão frágil estava a relação dos dois. E Marcos prometeu moderar em casa o uso do aparelho. Começaram a ler e pesquisar bastante a respeito do uso abusivo de tecnologias e acabaram descobrindo e começaram a participar de um grupo de apoio para pessoas com o mesmo problema, que se reunia uma vez por semana em uma associação do bairro onde residiam. O grupo de apoio era conduzido por professores e alunos do curso de psicologia de uma universidade.

Hoje Marcos é voluntário no mesmo projeto dando seu testemunho, orientando e motivando outras pessoas sobre como usar de forma moderada a tecnologia. Marcos vive bem com a esposa e filhos.

REFORÇANDO O CAPÍTULO

- Somente o uso correto do smartphone diferencia o vício do benefício.

- Entre você e o smartphone, seu cônjuge vai preferir o smartphone. Quanto a isso não há a menor dúvida.

- Não é porque um sujeito é um gênio da indústria bélica, por exemplo, que sua casa vive repleta de armas por todos os lados e que seus filhos são exímios atiradores e dormem com um rifle do lado da cama. Isso vale para os gênios da tecnologia e de outras áreas.

- Quando alguém chegar para você e disser: "Perdi meu companheiro ou companheira para o celular", não seja idiota, não ria. Você poderá ser a próxima vítima.

- Todo cavalo deve comer como um cavalo.

- Se a vaca rumina e não usa sutiãs para esconder as tetas, é por causa de sua natureza de vaca.

- Crer num livre-arbítrio, mesmo que limitado, colabora no sentido de sermos pessoas melhores, de construirmos uma sociedade melhor, de repensarmos nossas ações e suas consequências para nós mesmos e para os outros.

PARA REFLEXÃO

- Existe algum programa e/ou treinamento desenvolvido junto aos colaboradores que trate dos benefícios do uso adequado das tecnologias dentro e fora da organização? Em caso negativo, o que pode ser feito para mudar essa situação?

- Os gerentes e supervisores conhecem os limites (dias e horários) de uso dos aplicativos de mensagens instantâneas ao se comunicarem com os subordinados? Existem limites? Observação: Caso você trabalhe em uma usina nuclear, esqueça a pergunta anterior e fique conectado ao aparelho 24 horas por dia. Se não for esse o caso, avalie as possibilidades pelas referidas indagações com total honestidade, seriedade e urgência. Só o tempo mostrará quão bem fará aos colaboradores e à organização se as iniciativas adequadas forem tomadas.

- Em algum momento me identifiquei ou identifiquei alguém da minha família com o personagem Marcos? Em caso afirmativo, o que pode ser feito para mudar essa situação?

ATÉ BREVE

*A vida é uma lousa,
em que o destino, para escrever um novo caso,
precisa de apagar o caso escrito.*

(Machado de Assis)

No momento em que você está lendo este livro, você está lendo no presente algo que escrevi no passado para você. E no momento em que estou escrevendo este livro, você está lendo no futuro algo que estou escrevendo no presente para você. Logo, conseguimos por meio das palavras nos conectar, cada um no seu tempo: você no presente e eu no passado, ou seria eu no presente e você no futuro? Pouco importa. Ao se comunicar o ser humano pode compartilhar suas experiências, sentimentos, conquistas, acertos e erros por meio de diferentes perspectivas. E essa é a grande magia da poderosa ferramenta chamada escrita.

Utilizando-se de várias histórias, de relatos de experiências e consultorias empresariais, procuramos reforçar no decorrer dos capítulos de forma a ficar subentendido que: a relação entre pessimismo/otimismo, arrogância/humildade, indiferença/empatia, entre outros, tem mais a ver com nossas escolhas, julgamentos, prioridade, superação e criatividade do que com um universo determinista ou com coisas fantasiosas como sorte ou azar.

Cada capítulo finalizou com algumas perguntas, e em quase todas foi adicionada de forma repetida uma segunda questão: O que posso fazer para mudar essa situação? Essa repetição ao longo do livro foi proposital para lembrar da existência de três coisas importantes nessa vida: as que desejamos, as que controlamos e as que não controlamos.

Das que desejamos, apenas o bom senso resolveria, evitando assim dores imaginárias.

Das que controlamos, determinar uma prioridade bastaria para amenizar as dores necessárias.

Das que não controlamos, reconhecer nossa pequenez satisfaria para viver em plenitude e harmonia e assim nos sentirmos mais humanos no tempo presente, que é tudo.

Certa vez em sala de aula fiz uma analogia a partir da palavra *vendedor* ao separar a última sílaba, e que pode resumir a intenção da mensagem que se pretende passar ao final desta obra, apesar do livro não ser especificamente sobre vendas.

Não ser um "vende DOR" é ter os pés fincados no chão, consciente de que certas dores são inevitáveis.

Não ser um "vende DOR" é não se permitir ficar com a coluna curvada e a cabeça baixa olhando para o chão em meio às dores; sejam as dores que controlamos ou as dores que não controlamos; mas permanecer firme e sabendo que nada é eterno. Assim como não são eternos o dia, a noite, o inverno, o verão, o outono e a primavera.

Não ser um "vende DOR" é compreender que o verdadeiro significado do sucesso é de fato *avanço*, assim como sua acepção original do latim *successus*, ou seja: avançar como ser humano, como homem, como mulher, comprometidos com a honestidade, com a justiça, com a ética e, principalmente, sendo mais solidário com o próximo. Acreditar na ideia tosca e amplamente disseminada de que o sucesso tem relação com a quantidade de zeros na conta bancária ou com o número de seguidores nas redes sociais significa que o sujeito que acredita nessas tolices preza por aquilo que é o contrário do avanço, ou seja, o retrocesso. O retrocesso de pensamento, o retrocesso do sentido da vida em plenitude, o retrocesso de sua própria existência humana.

Não ser um "vende DOR" é você enquanto profissional de vendas, apesar de todas as dores do dia a dia, dar tudo de si e fazer de cada venda algo único e maravilhoso para o cliente. É você enquanto professor, apesar de todas as dores do dia a dia, fazer com que cada aula seja única e que, sendo maravilhosa, encante seus alunos. É você enquanto profissional seja de qual área for, apesar de todas as dores do dia a dia, fazer seu trabalho de forma extraordinária tendo a certeza de que deu o melhor de si e não o melhor do mundo. É você enquanto empreendedor, apesar de todas as dificuldades do dia a dia, fazer da empresa um lugar maravilhoso para você, para seus colaboradores e para seus clientes.

Não ser um "vende DOR" é se atentar à anatomia humana e perceber certas dicas: dois olhos (observar mais); dois ouvidos (escutar mais); uma boca (falar menos). Insanidade? Talvez sim. Talvez não. Você decide.

Enfim, não ser um "vende DOR" é estar absorto com as coisas mais simples da vida e ao mesmo tempo mais importantes.

E quais as coisas mais simples e importantes?

Você decide, a vida é sua.

Quem disse que os empreendedores não podem investir seu tempo lendo, estudando, analisando para além dos assuntos do empreendedorismo e de sua área de atuação profissional, temas como: as contradições da vida, valores e vida pessoal?

A vida é brevíssima demais para simplesmente viver para o trabalho: vida é "tentar" viver em plenitude. E lembre-se: não existe ninguém, nem guru, nem livro ou qualquer outra coisa que entenda melhor de você do que você mesmo.

Se você conseguir descobrir quem de fato é, você está a um passo de transformar o "Vende DOR" em "VENCE dor". Alguém dirá que este parágrafo não passa de mais uma frase chata de motivação, encontrada em livros de autoajuda vendidos em aeroportos. Pois bem. Pouco importa. Quem é perfeito? Como disse o romancista japonês Haruki Murakami: "Independente do que escreva e do estilo de escrita, sempre haverá alguém para criticar".

Finalizo com as palavras de Mário Quintana: "O leitor que mais admiro é aquele que não chegou até a presente linha. Neste momento já interrompeu a leitura e está continuando a viagem por conta própria".

Espero te encontrar novamente.

Até breve!

REFERÊNCIAS

ALVES, R. **As melhores crônicas de Rubem Alves**. 4. ed. Campinas, SP: Papirus, 2012, p. 9 e 34.

ALVES, R. **Entre a ciência e a sapiência**: o dilema da educação. 23. ed. São Paulo: Edições Loyola, 2015, p. 9.

AMAN, M. The frog in ancient egypt, with unpublished frog statues, amulets and other related objects in the Agricultural and Mallawy Museums in Egypt. **Journal of General Union of Arab Archaeologists**, v. 12, n. 12, p. 154–173, 2011.

ARAÚJO, L. M. de. **Dicionário do antigo Egipto**. Lisboa: Caminho, 2001.

ARNOLD, K.; ZUBERBUHLER, K. (2006a). Language evolution: semantic combinations in primate calls. **Nature**, n. 441, 303–303. doi: 10.1038/441303ª.

BICKERTON, D. Catastrophic evolution: the case for a single step from proto-language to full human language. *In*: HURFORD, J. R; KENNEDY, M. S.; KNIGHT, C. (ed.) **Approaches to the evolution of language**: social and cognitive bases. Cambridge: Cambridge University Press, 1998, p. 341–358.

BUDGE, E. A. W. **O livro dos mortos do antigo Egito**. São Paulo: Madras, 2020.

CARROLL, L. **Alice**: Aventuras de Alice no País das Maravilhas & Através do Espelho. 2. ed. Rio de Janeiro: Zahar, 2013, p. 51.

CHEVALIER, J.; GHEERBRANT, A. **Dictionnaire des symboles**: mythes, rêves, coutumes, gestes, formes, figures, couleurs, nombres. Paris: Robert Laffont, 1997.

DARWIN, C. **A origem das espécies e a seleção natural**. São Paulo: Madras, 2017.

ENDSLEY, M. R. Design and Evalutation for Situation Awareness Enhancement. Conference Paper. **Proceedings of the human factors and ergonomics society annual meeting,** v. 32, n. 2, p. 97–101, 1988.

FREUD, S. **O mal-estar na civilização, novas conferências introdutórias à psicanálise e outros textos (1930–1936)**. Obras completas. Volume 18. São Paulo: Companhia das Letras, 2010.

HARDIE, R.; RAGHU, P. Visual transduction in Drosophila. Nature 413, 186-193 (2001). https://doi.org/10.1038/35093002.

HAWKING, S. **Breves respostas para grandes questões**. Rio de Janeiro: Intrínseca, 2018, p. 101.

HAWKING, S. **Uma breve história do tempo**. Rio de Janeiro: Intrínseca, 2015.

HEALY, K. *et al*. Metabolic rate and body size are linked with perception of temporal information. **Animal Behaviour**, v. 86, n. 4, p. 685–696, 2013, ISSN 0003-3472, https://doi.org/10.1016/j.anbehav.2013.06.018.

HORVATH, J. *et al*. Structural and functional correlates of smartphone addiction. **Addictive Behaviors**, v. 105, jun. 2020.

ISAACSON, W. **Leonardo da Vinci**. Rio de Janeiro: Intrínseca, 2017, p. 22, 28 e 553.

MARCO AURÉLIO. **Meditações**. São Paulo: Edipro, 2019, livro VII, p. 82 e 97.

MCALISTER, E. **The secret life of flies**. London: Quarto Publishing Group, 2018.

MIYAGAWA S.; CLARKE, E. Systems underlying human and old world monkey communication: one, two, or infinite. **Front. Psychol.**, 2019, 10:1911. doi: 10.3389/fpsyg.2019.01911.

PESSOA, F. **Obra poética de Fernando Pessoa**. v. 1. Rio de Janeiro: Nova Fronteira, 2016, p. 34.

PLATÃO. **Górgias de Platão**. São Paulo: Perspectiva, 2016.

POUGH, F. H.; JANIS, C. M.; HEISER, J. B. **A vida dos vertebrados**. 4. ed. São Paulo: Atheneu, 2008.

RETALLAK, G. J. Woodland hypothesis for devonian tetrapod evolution. **The Journal of Geology**, v. 119, n. 3, p. 235–258, 2011.

SAGAN, C. **O mundo assombrado pelos demônios**. São Paulo: Companhia das Letras, 2006.

SANTO AGOSTINHO. **Confissões**. 28. ed. Petrópolis, RJ: Vozes, 2019.

SARAMAGO, J. **Ensaio sobre a cegueira**. São Paulo: Companhia das Letras, 1995.

SARTRE, J.-P. **O ser o nada**. 24. ed. Petrópolis, RJ: Vozes, 2015.

SÊNECA. **Sobre a brevidade da Vida**. São Paulo: Companhia das Letras, 2017, p. 25.

SULLENBERGER, C. **Sully**: o herói do rio Hudson. Rio de Janeiro: Intrínseca, 2016.

VINGERHOETS, A. J. J. M.; CORNELIUS, R. R.; VAN HECK, G. L.; BECHT, M. C. Adult crying: a model and review of the literature. **Review of General Psychology**, n. 4, p. 354–377, 2000.

WOHLLEBEN, P. **A vida secreta das árvores**. Rio de Janeiro: Sextante, 2017, p. 51–52.